Die konvivialistische Internationale
Das zweite konvivialistische Manifest

X-Texte zu Kultur und Gesellschaft

Die konvivialistische Internationale

Das zweite konvivialistische Manifest

Für eine post-neoliberale Welt

Übersetzt aus dem Französischen von Michael Halfbrodt

[transcript]

Bibliografische Information der Deutschen Nationalbibliothek
Die Deutsche Nationalbibliothek verzeichnet diese Publikation in der Deutschen Nationalbibliografie; detaillierte bibliografische Daten sind im Internet über http://dnb.d-nb.de abrufbar.

First published in French as Second Manifeste convivialiste by Actes Sud 2020

Umschlaggestaltung: Kordula Röckenhaus, Bielefeld
Korrektorat: Anne Speckmann, Bielefeld
Übersetzung aus dem Französischen: Michael Halfbrodt, Bielefeld
Satz: Justine Buri, Bielefeld
Druck: Friedrich Pustet GmbH & Co. KG, Regensburg
Print-ISBN 978-3-8376-5365-6
PDF-ISBN 978-3-8394-5365-0
EPUB-ISBN 978-3-7328-5365-6
https://doi.org/10.14361/9783839453650

Gedruckt auf alterungsbeständigem Papier mit chlorfrei gebleichtem Zellstoff.
Besuchen Sie uns im Internet: *https://www.transcript-verlag.de*
Unsere aktuelle Vorschau finden Sie unter *www.transcript-verlag.de/vorschau-download*

Inhalt

Prolog

Fast überall in den reichsten Ländern beginnt die Jugend, auf die Straße zu gehen und von den Staaten und Großunternehmen zu fordern, die Klimaerwärmung und unwiderrufliche Zerstörung der natürlichen Umwelt endlich ernsthaft zu bekämpfen. Sie hat Recht, denn es ist ihre Zukunft, die ganz unmittelbar auf dem Spiel steht. Nach Meinung einer wachsenden Zahl von Wissenschaftlerinnen und Wissenschaftlern bleiben uns nur noch wenige Jahre, um die Dynamiken umzukehren, die derzeit die Welt beherrschen, und das Schlimmste zu verhindern. Gut gemeinte Worte und Erklärungen, die aber nie Folgen haben, genügen wahrlich nicht mehr. Die Ausflüchte werden unerträglich.

In anderen Ländern, in Asien, im Maghreb oder im Nahen Osten, erhob sich die Jugend gestern gegen Tyrannen oder Diktaturen. Sie erhebt sich noch heute im Sudan, in Chile, im Iran oder in Algerien. Ohne dass sie zumeist verhindern kann, dass den alten Diktatoren neue folgen.

Anderswo, in den ärmsten Ländern oder denen, die von gnadenlosen Bürgerkriegen verwüstet werden (es sind oft dieselben), bleibt ihr weder eine andere Lösung noch eine andere Hoffnung als das Exil.

Drei Jugenden also, die nur wenig voneinander wissen. Dabei hängen ihre Kämpfe, ihre Hoffnungen eng zusammen. Sie werden nur gemeinsam gewinnen oder gemeinsam verlieren.

1971 komponierte John Lennon »Imagine«, das im Laufe der Zeit zu einem der meistgehörten Lieder der Welt wurde. Nach und nach lauschte man nicht mehr nur der Melodie, sondern schenkte auch dem Text mehr Aufmerksamkeit (man war optimistisch damals): »Imagine all the people living life in peace [...].

no need for greed or hunger, a brotherhood of man. Imagine all the people sharing all the world…«[1]

Fünfzig Jahre später ist es dringlicher denn je, von einer befriedeten Welt nicht nur zu träumen oder sie sich vorzustellen, sondern zu ihrer schnellstmöglichen Verwirklichung beizutragen. Doch selbst das Vorstellen, das bloße Vorstellen, scheint heute schwierig zu sein. Versuchen wir es dennoch.

Eine andere Zukunft?

Wie könnte eine solche Welt aussehen? Eine Welt, die kein unauffindbares Paradies, kein Schlaraffenland wäre, sondern einfach eine vollkommen menschliche, eine tatsächlich mögliche Welt. Eine Welt, in der, wie US-Präsident Franklin Roosevelt 1941 erklärte, Meinungs- und Religionsfreiheit herrschen würde und in der man frei von Not und Angst wäre.[2] Im Anschluss an Roosevelts Rede über die vier Freiheiten (freedom of speech, freedom of religion, freedom from want, freedom from fear) versammelte sich am 10. Mai 1944 eine Internationale Arbeitskonferenz in Philadelphia (USA) und legte die allgemeinen Ziele der Internationalen Arbeitsorganisation (ILO) fest, als Vorgriff auf die Allgemeine Menschenrechtserklärung (1948). Artikel 2 der Erklärung von Philadelphia besagt: »Alle Menschen, ungeachtet ihrer Rasse, ihres Glaubens und ihres Geschlechts, haben das Recht, materiellen Wohlstand und geistige Entwicklung in

---

1 | »Stell dir vor, alle Menschen leben ihr Leben in Frieden. […] Keinen Grund für Gier oder Hunger, eine Menschheit in Brüderlichkeit. Stell dir vor, alle Menschen teilen sich die Welt…«

2 | Manche werden natürlich behaupten, dass es sich um eine Propagandarede gehandelt habe. Wie dem auch sei und was man auch von ihr halten möge, das Ziel war richtig und gut formuliert.

Freiheit und Würde, in wirtschaftlicher Sicherheit und unter gleich günstigen Bedingungen zu erstreben.«

Doch die Allgemeine Erklärung der Menschenrechte spricht junge Menschen kaum noch an. Sofern sie sie überhaupt kennen, sehen sie in ihr zumeist nur hohle Rhetorik, die allzu schnell von den Fakten widerlegt wird. Wir wollen sie also in ein wenig konkretere Begriffe übersetzen und aktualisieren. Ist es wirklich unmöglich, sich eine Welt vorzustellen, in der die Macht nicht, wie allzu oft, von Psychopathen ausgeübt wird, mit Unterstützung krimineller Netzwerke und dem Beistand von Armee und Polizei? In der die endlich errungene Macht sich nicht zunächst durch eine mehr oder minder strikte und sichtbare Kontrolle der Medien, willkürliche Verhaftungen, Korruption der Justiz und des gesamten politischen Systems, Folter und Mord aufrechterhalten ließe? Eine Welt, in der zwar nicht jede/r der Armut entkäme, aber sich niemand im Elend wiederfände und in der jede/r von seiner bzw. ihrer Arbeit leben könnte? Oder in der extremer Reichtum, der Fantasien einer verbesserten Menschheit und eines Übermenschentums für wenige und folglich eines Untermenschentums für die anderen beflügelt, ebenso wenig geduldet würde wie das Elend? In der es keine »überflüssigen« Frauen oder Männer gäbe? Eine Welt, in der man sich weiterhin über den Sinn des Lebens stritte, ohne sich jedoch abzuschlachten, und in der man Bürger- und Religionskriege vergessen hätte? Alle Kriege. Eine Welt, in der die Bodenschätze und die natürliche Umwelt nicht systematisch zugunsten größerer oder kleinerer Unternehmen geopfert oder geplündert würden? Eine Welt, die in der Lage wäre, die sich beschleunigende Erderwärmung und die vielfältigen Umweltschäden wirksam zu bekämpfen? Eine Welt, in der man wieder im Einklang mit der Natur leben könnte?

Komischerweise sind diese Ideale reine Selbstverständlichkeiten. Sie ergeben sich aus dem allergesündesten Menschenverstand. Sie bringen gut zum Ausdruck, was wir uns wünschen oder zu wünschen meinen. Dennoch scheint ihre auch nur teilweise Verwirklichung gänzlich unerreichbar, ja geradezu unvorstellbar zu sein. Aber warum eigentlich? Gibt es ein Schicksal, ein Verhängnis, dem die Menschheit nicht entrinnen kann?

Die kürzliche Kehrtwende der Welt

Gehen wir ein wenig in der Zeit zurück. In den drei Jahrzehnten nach dem Zweiten Weltkrieg waren die Prinzipien der Erklärung von Philadelphia sowie der Allgemeinen Erklärung der Menschenrechte alles andere als hohlklingende Phrasen. Vielmehr waren sie die offiziellen Inspirationsquellen staatlicher Politik und zeitigten ganz konkrete Wirkungen. Es ging darum, die westlichen Demokratien davon abzuhalten, wieder in die totalitären Schrecken – Nationalsozialismus und Faschismus – zurückzufallen, die den Zweiten Weltkrieg ausgelöst und dutzende Millionen Opfer gefordert hatten. Es galt ferner, die Verlockungen zu bannen, die von der anderen Variante des Totalitarismus ausgingen, dem Kommunismus, der in Russland, Osteuropa und China herrschte und drohte, sich auf viele Länder der sogenannten »Dritten Welt« auszudehnen.

Nach dem Fall der Berliner Mauer 1989 und dem Zusammenbruch des Kommunismus in Russland und Osteuropa hatte der Kapitalismus, von dem man glaubte, dass er mit der Demokratie Hand in Hand ginge – ein im Wesentlichen regulierter Industriekapitalismus –, keinen fassbaren und lokalisierbaren Feind mehr. Bis zum Beginn des 21. Jahrhunderts sprachen Politologen und Philosophen nur noch vom »demokratischen Übergang«. Alle teilten unterschiedlich stark die Auffassung, dass die verbliebenen Diktaturen rasch zusammenbrechen und alle Länder der Welt sich auf das institutionelle Modell einigen würden, das im Westen so gut funktioniert hatte: eine Mischung aus parlamentarischer Demokratie und freiem Markt.

Doch sobald ihre Feinde verschwunden (und die Zeiten des billigen Öls vorbei) waren, hatten es die kapitalistischen Ökonomien viel weniger nötig, Menschenrechte und demokratische Prinzipien ernst zu nehmen. Der mehr oder minder regulierte Kapitalismus der Nachkriegszeit verwandelte sich in einen spekulativen Finanzkapitalismus, der inzwischen seine Profite weniger aus der Industrie als aus der Finanzspekulation zieht. Er generiert eine buchstäblich unsinnige Bereicherung der Allerreichsten, des 1 % und mehr noch des 0,1 % oder des 0,1 ‰. Es ist allgemein bekannt, dass vierzig Ultrareiche so viel besitzen wie die ärmere Hälfte der Menschheit, und das sind annähernd vier Milliarden Personen. Mit anderen Worten, vierzig wiegen so schwer wie vier Milliarden! Noch sind alle derart verblüfft über solche Zahlen, die sich dem menschlichen Verstand entziehen, dass noch niemand weiß, wie dagegen vorzugehen ist. Dieser Spekulationskapitalismus verteilt den geschaffenen Reichtum in immer geringerem Maße um. Er mag den Ober- und Mittelschichten der Schwellenländer zugute kommen, verhindert aber nicht die Verarmung der Mittel- und Unterschichten in den reichsten Ländern.

Anstatt dass die Demokratie oder der Geist der Menschenrechte an Boden gewinnen, sind es vielmehr die Diktaturen oder die sogenannten »illiberalen Demokratien«, die »Demokraturen«, die überall gedeihen. Der reiche Westen hatte sich davon überzeugen und glauben machen wollen, dass er der Welt Frieden und Wohlstand bringe. Stattdessen hat er Sturm gesät. Da er sein Versprechen nicht hat halten können, schlägt ihm nun der ganze Hass entgegen, der sich in Jahrhunderten kolonialer oder imperialer Herrschaft über den Planeten angestaut hat. Der islamische Radikalismus von Al-Qaida oder des Islamischen

Staates ist nur der sichtbarste Teil und der erschreckendste Ausdruck dieses Hasses.

Der Triumph des Neoliberalismus

Was ist falsch gelaufen? Woraus erklärt sich das Scheitern der Hoffnungen, die das Ende des Zweiten Weltkriegs hatte entstehen lassen? Aus vielen ineinandergreifenden Ursachen. Doch alle richten sich nach der grundlegenden Realität unserer Zeit aus: der Unterordnung des gesamten Planeten und aller menschlichen Lebenssphären unter die Anforderungen eines mittlerweile spekulativen Finanzkapitalismus. Der Triumph dieses Kapitalismus neuen Typs hat seinerseits wieder zahlreiche Ursachen. Doch eine von ihnen ist ebenso wesentlich wie sie falsch wahrgenommen und interpretiert wird: die Macht der Ideen (wenn sie durch konkrete Personen und Mittel vertreten werden und die Massen ergreifen). *Und, mittlerweile, die Macht neoliberaler Ideen.* Sie ist die Existenzberechtigung dieses *Manifestes des Konvivialismus*. Denn es war die Macht der neoliberalen Ideologie, die diesem Kapitalismus neuen Typs den Weg ebnete, einem Kapitalismus im Reinzustand, losgelöst von allen moralischen oder politischen Zwängen, die ihn bis in die 1980er und 1990er Jahre blockierten. Auf diese Ideologie muss man also in der Lage sein zu antworten.

Alle Begriffe, alle *Ismen* unterliegen vielfältigen Diskussionen und möglichen Definitionen. Das gilt für den Kapitalismus (oder Antikapitalismus) genauso wie für den Neoliberalismus, der verschiedene historische Phasen und Ausformulierungen erfahren hat. Doch der aktuelle Neoliberalismus lässt sich durch die Vereinigung folgender sechs Aussagen oder Axiome hinreichend charakterisieren:

- Es gibt keine Gesellschaften (»*There ist no such thing as a society*«, sagte Margaret Thatcher), Kollektive oder Kulturen, es gibt nur Individuen.
- Gier oder Profitstreben ist etwas Gutes. *Greed is good*.
- Je mehr die Reichen sich bereichern, umso besser, denn alle profitieren davon durch einen Sickereffekt (*trickle-down-effect*).
- Die einzig wünschenswerte Beziehungsform zwischen Menschen ist der freie und uneingeschränkte Markt und dieser (einschließlich des Finanzmarktes) reguliert sich selbst, zum Wohle aller.
- Es gibt keine Grenzen. Immer mehr heißt deshalb zwangsläufig immer besser.
- Es gibt keine Alternative (»*There ist no alternative*«, verkündete wiederum Margaret Thatcher).

Für die vielen, die die Macht der Ideen und Werte, die Kraft, mit der sie auf unser Verhalten einwirken, bezweifeln mögen, sei daran erinnert, dass keine dieser sechs Aussagen in der Zeit zwischen 1944 und den 1970er bis 1980er Jahren mehrheitlich für richtig oder wahr gehalten wurde, bei Weitem nicht. Die herrschende Wirtschaftslehre, die sich vornehmlich an John Maynard Keynes orientierte, wies dem Staat und seinen Umverteilungsmaßnahmen eine wichtige Rolle zu. Um mit dem Keynesianismus und über ihn hinaus mit allen mehr oder weniger sozialdemokratisch beeinflussten Formen von Politik aufzuräumen, gründeten dreißig Personen 1947 in der Schweiz eine Vereinigung, die dann später als Mont-Pèlerin-Gesellschaft bekannt werden sollte. Unter ihnen die Ökonomen Friedrich von Hayek und Milton Friedman, der Wissenschaftsphilosoph Karl Popper und viele andere bekannte Namen, darunter mehrere zukünftige Nobelpreisträger für Wirtschaftswissenschaften. Unterstützt von großen Unternehmen und reichen Stiftungen gelang es der auch heute noch aktiven Mont-Pèlerin-Gesellschaft allmählich, den keynesianischen Konsens zu untergraben und eine neue Sicht der Welt und der Menschheit durchzusetzen, ein neues Verständnis menschlicher Angelegenheiten. Diese neue Verständnisweise, diese neue Weltvernunft übt inzwischen auf globaler Ebene aus, was der Philosoph Antonio Gramsci *Hegemonie* nannte, die Herrschaft über die Ideen und Köpfe. Eine Hegemonie, die dringend in Frage zu stellen ist, und zwar durch eine neue Verständnisweise unserer Zeit und unseres Daseins. Mit einer Rückkehr zum Keynesianismus oder zu den Ismen der Vergangenheit kann man sich jedenfalls nicht begnügen.

Warum Konvivialismus?

Die Jugendlichen der reichen Länder werden sich der Klima- und Umweltprobleme Tag für Tag bewusster, aber sie tun sich noch schwer zu erkennen, dass ihr Schicksal auch mit dem der Jugendlichen verbunden ist, die sich anderswo von Diktaturen zu befreien versuchen oder sich zur Emigration gezwungen sehen. Die grünen Parteien haben im Westen immer mehr Zulauf, doch das Bemühen, die Natur zu bewahren, stellt an sich noch keine Politik dar. Es genügt für sich genommen bei Weitem nicht, um auf den Neoliberalismus zu antworten. Wenn wir aber eine Chance haben wollen, der Gefahr, die die Weltherrschaft des spekulativen Finanzkapitalismus für die Zukunft der Menschheit bedeutet, die Stirn zu bieten, brauchen wir unbedingt eine alternative politische Philosophie zum Neoliberalismus. Eine Philosophie, die sich nicht darauf beschränkt, seine sechs zentralen Aussagen als unzutreffend zu kritisieren, sondern die tatsächlich die Umrisse einer anderen möglichen Welt entwirft. Einer menschlicheren, lebenswerten Welt, in der alle, oder die große Mehrheit, sich wiedererkennen und besser leben können, in dem gemeinsamen Bemühen, zu retten, was von unserer Umwelt und den vier Roosevelt'schen Freiheiten noch gerettet werden kann und muss. Um dahin zu gelangen, müssen wir das Gefühl von Ohnmacht überwinden, das wir alle teilen.

Eben die Umrisse dieser anderen möglichen Welt, einer post-neoliberalen Welt, entwirft dieses *zweite Manifest des Konvivialismus*. 2013 erschien das erste *Manifest des Konvivialismus*, mit dem Untertitel *Déclaration d'interdépendance*[3]. Es ging bereits von der Gewissheit aus, dass den tausenden oder zehntausenden Vereinen und Netzwerken, den dutzenden oder hunderten Millionen Menschen auf der Welt, die sich dem Zugriff des neoliberalen Kapitalismus zu entziehen versuchen, am meisten eine explizite und nachdrücklich geteilte Verständigung auf einige zentrale Werte oder Prinzipien fehlt. Dies hindert sie daran, sich zu koordinieren und verurteilt sie zu einer gewissen Ohnmacht. Was fehlt, ist eine alternative politische Philosophie (*largo sensu*) zum Neoliberalismus.

Dass die Einigung auf einige zentrale Prinzipien, auf die Umrisse einer post-neoliberalen politischen Philosophie nicht nur wünschenswert, sondern tatsächlich möglich ist, hat die Abfassung des ersten Manifestes bewiesen, das von 64 bekannten, mehrheitlich französischsprachigen Intellektuellen[4] er-

3 | Erklärung der wechselseitigen Abhängigkeit, Le Bord de l'eau, 2013. Dieses zweite Manifest kann als eine verstärkte Abhängigkeitserklärung verstanden werden.

4 | Claude Alphandéry, Geneviève Ancel, Ana Maria Araujo (Uruguay), Claudine Attias-Donfut, Geneviève Azam, Akram Belkaïd (Algerien), Fabienne Brugère, Alain Caillé, Barbara Cassin, Philippe Chanial, Hervé Chaygneaud-Dupuy, Ève Chiapello, Denis Clerc, Ana M. Correa (Argentinien), Thomas Coutrot, Jean-Pierre Dupuy, Francesco Fistetti (Italien), Anne-Marie Fixot, François Flahault, Jean-Baptiste de Foucauld, Christophe Fourel, François Fourquet, Philippe Frémeaux, Jean Gadrey, Vincent de Gaulejac, François Gauthier (Schweiz), Sylvie Gendreau (Kanada), Susan George (USA), Christiane Girard

arbeitet und unterzeichnet wurde, die nahezu allen Strömungen der Linken entstammen. Anklang hat es auch bei Personen oder Intellektuellen gefunden, die sich eher der Mitte oder sogar der Rechten zuordnen. Sein zentraler Gedanke war, dass der Triumph des spekulativen Finanzkapitalismus als Ergebnis und Höhepunkt eines menschlichen Strebens nach Maßlosigkeit verstanden werden muss. Um diesem zu begegnen und es zu überwinden, genügt es nicht, rituell und uninspiriert auf die bösen Kapitalisten zu schimpfen, man muss sich nach den Motiven dieser Maßlosigkeit fragen und den Mitteln, sie zu beseitigen, ohne darüber unser Freiheitsstreben zu opfern.

Warum ein *zweites konvivialistisches Manifest*? Weil das erste nicht hinreichend international war, obwohl es in ein dutzend Sprachen übersetzt und Gegenstand von Büchern und Diskussionen auf deutsch, portugiesisch (Brasilien), spanisch, italienisch und japanisch wurde. Nun hat der *Konvivialismus, die Philosophie der Kunst des Zusammenlebens*, keinen Sinn, wenn man sich in ihm nicht in allen Ländern wiedererkennen kann. Es war also notwendig, den Kreis der Autoren und Inspirationsquellen beträchtlich zu erweitern. Zumal das erste Manifest in einer Reihe von Punkten Richtungen vorgab, die zwar nach wie vor zutreffend sind, die aber als zu vage, theoretisch zu unbe-

---

(Brasilien), François Gollain (Vereinigtes Königreich), Rolland Gori, Jean-Claude Guillebaud, Dick Howard (USA), Marc Humbert, Eva Illouz (Israel), Ahmet Insel (Türkei), Geneviève Jacques, Florence Jany-Catrice, Zhe Ji (China), Hervé Kempf, Elena Lasida, Serge Latouche, Camille Laurens, Jean-Louis Laville, Jacques Lecomte, Didier Livio, Paulo Henrique Martins (Brasilien), Gus Massiah, Dominique Méda, Marguerite Mendell (Kanada), Pierre-Olivier Monteil, Jacqueline Morand, Edgar Morin, Chantal Mouffe (Vereinigtes Königreich), Yann Moulier-Boutang, Osamu Nishitani (Japan), Alfredo Pena-Vega, Bernard Perret, Elena Pulcini (Italien), Ilana Silber (Israel), Roger Sue, Elvia Taracena (Mexiko), Frédéric Vandenberghe (Brasilien), Patrick Viveret.

stimmt und andererseits nicht konkret genug erscheinen mochten. Dieses zweite Manifest übernimmt die Struktur des ersten und einen Teil des Textes, bereichert und präzisiert diesen aber beträchtlich, ausgehend von dem seit sechs Jahren anhaltenden Meinungsaustausch zwischen Autorinnen, Autoren und engagierten Mitstreiterinnen und Sympathisanten des Konvivialismus in allen Ländern. Angesichts des beschleunigten Klimawandels und der zunehmenden Erosion humanistischer Ideale und demokratischer Prinzipien ist es dringend geboten, sich im globalen Maßstab auf die für das materielle und moralische Überleben der Menschheit wesentlichen Werte und die Wege ihres Fortschritts in Richtung Zivilisation und Lebenskunst zu verständigen. In aller Konvivialität.

Ein letztes Wort. Dieses Manifest ist Resultat einer kollektiven Diskussionsarbeit, die vornehmlich unter Intellektuellen geführt wurde – Intellektuellen der etwas besonderen Art. Intellektuellen oder Akademikern, die sich um das Gemeinwohl bemühen und in zahlreichen Gemeinschaftsunternehmungen engagiert sind. Warum diese Klarstellung und diese Rechtfertigung? Weil Intellektuelle oder Akademiker/innen oft einen schlechten Ruf haben. Heute mehr denn je und oft aus guten Gründen. Man beschuldigt sie, sich in fruchtlosen Spekulationen zu verlieren, die nie zu etwas Konkretem führen, man wirft ihnen vor, sich in Spitzfindigkeiten zu ergehen und sich gegenüber dem Rest der Welt für überlegen zu halten. Das trifft sicherlich nicht auf diejenigen zu, die sich hier zur Abfassung dieses neuen Manifestes versammelt haben. Sie halten sich bestimmt nicht für intelligenter als irgendjemand sonst (aber auch nicht für dümmer…). Sie sind einfach von Berufs wegen mit einem guten Gedächtnis ausgestattet und insofern in einer guten Position, um Alarm zu schlagen, wenn es denn nötig ist, und sich eine Zukunft vorzustellen, die nicht allzu sehr Gefahr läuft, in die alten Gewohnheiten zurückzufallen. Und außerdem sind sie das Schreiben und den Umgang mit Ideen gewohnt, jenen Ideen, die eine so entscheidende Rolle in der Geschichte spielen, wenn sich viele ihrer bemächtigen.

Da sie alle in aktiver Beziehung zu den Bürgerbewegungen stehen, den vielfältigen Initiativen, die Tag für Tag sinnträchtige und wohlstandsfördernde Alternativen erfinden, begnügen sie sich nicht mit stereotypen Anklagen der Märkte oder des Kapitalismus, die so lange zu nichts führen, als sie uns nicht sagen, auf die Errichtung welcher anderen Art von Gesellschaft wir vernünftigerweise hoffen dürfen. Mit dem Aufbau welcher anderen Art von Gesellschaft wir also schleunigst beginnen müssen.

Denn nichts ist dringlicher, als ein alternatives Denken und Weltverständnis zu dem zu erarbeiten, was der Neoliberalismus dem gesamten Planeten hat aufzwingen können. Was wir brauchen, ist eine politische Philosophie (im weiteren Sinne des Wortes) und diese kann in keiner einfachen Rückkehr zum klassischen Sozialismus, Kommunismus, Anarchismus oder Liberalismus bestehen. Diese großen Ideologien der Moderne sind nicht mehr auf der Höhe der Probleme, denen wir uns gegenübersehen. Denn sie haben uns nichts gesagt über das wünschenswerte Verhältnis der Menschen zu einer Natur, die offenkundig nicht unerschöpflich ist; nichts Wesentliches über die Beziehungen zwischen Männern und Frauen; und noch weniger über die richtige Art und Weise, die Vielfalt der Kulturen zu denken.

Die Zeit ist gekommen, um einen entscheidenden kollektiven Fortschritt im Bereich der Ideen zu erzielen. Er kann nicht aus der bloßen Addition der Analysen resultieren, die dieser oder jener individuelle Philosoph, Ökonom oder Soziologe vorgelegt hat, so richtig sie auch sein mögen. Denn es genügt nicht, dass diese Analysen richtig sind (wenn sie es denn sind), sie müssen auch weithin geglaubt und geteilt werden, am besten auf globaler Ebene. Das ist das Wagnis dieses zweiten Manifestes des

Konvivialismus: sich als Arbeitsresultat eines kollektiven Intellektuellen zu präsentieren. Bei dieser Arbeit, die geistige und moralische Kapazitäten, aber auch Aktivisten, Schriftsteller/innen und Künstler/innen von internationalem Ruf versammelt (siehe S. 98), hat niemand versucht, die ganze Anerkennung für sich zu beanspruchen, indem kleinste Differenzen geltend gemacht werden (wie das im intellektuellen Feld häufig der Fall ist). Im Gegenteil, alle waren damit einverstanden, den Ideen den Vorzug zu geben, die sie mit anderen teilen. Man kann somit ohne Übertreibung sagen, dass dieses zweite konvivialistische Manifest das Werk einer informellen, im Entstehen begriffenen Internationale ist.

Einer Internationale, die nach nichts anderem verlangt, als sich auszuweiten, um zur Angelegenheit aller zu werden. Denn darum geht es bei diesem konvivialistischen Manifest: so deutlich wie möglich einfache und richtige Ideen zu formulieren, die den Herausforderungen unserer Zeit angemessen sind und über kurz oder lang zu einem radikalen Umdenken und zu bedeutenden Mobilisierungen der Weltöffentlichkeit führen können. Es liegt an unseren Leserinnen und Lesern, sie aufzugreifen und sich zu eigen zu machen, wenn sie ihnen hoffentlich zusagen.[5]

5 | Und sei es zunächst einmal nur, indem sie die konvivialistischen Websites besuchen (www.convivialisme.org und www.lesconvivialistes.org) und dort ihre Unterstützung, ihre Einwände oder ihre Vorschläge kundtun.

Einleitung

Wie sonderbar und verwirrend unsere Situation doch ist! Seit der Aufklärung stand die Welt unter dem Zeichen des Fortschritts. Und doch haben einige dieser Fortschritte zu Katastrophen geführt. Noch nie hatten wir so viele Gründe, an den Fortschritt zu glauben, doch noch nie hatte die Menschheit auch so viele gute Gründe, Katastrophen zu fürchten, die ihr bloßes Überleben aufs Spiel setzen könnten. Angesichts der Verheißungen der Zukunft und der Bedrohungen, die auf unserer Zukunft lasten, wissen wir nicht mehr ein noch aus. Allerdings werden die Bedrohungen Tag für Tag massiver.

Die Verheißungen der Gegenwart

Im Laufe der letzten Jahrzehnte wurden bedeutende Fortschritte in Sozial- und Umweltfragen erzielt, und nichts spricht a priori und prinzipiell dagegen, dass dies in den kommenden Jahrzehnten so weitergeht und sich sogar verstärkt.

Einige aktuelle Daten auf globaler Ebene:

- Seit 1990 ist, nach Angaben der UNO, die extreme Armut in der Welt um zwei Drittel gefallen und mehr als eine Milliarde Menschen hat sie verlassen. Das neue von der UNO ausgegebene Ziel ist ihre Beseitigung bis zum Jahr 2030.
- Von den drei Milliarden an Hunger oder Unterernährung leidenden Personen sind in den letzten 25 Jahren annähernd zwei Millionen aus dieser Lage befreit worden (allerdings um den Preis eines massiven Pestizideinsatzes).
- Innerhalb von 20 Jahren hat sich die Zahl der Kinder, die keine Schule besuchen, um die Hälfte verringert.

- Innerhalb von 25 Jahren (1990 bis 2015) hat sich sowohl die Mütter- als auch die Kindersterblichkeit halbiert.
- Innerhalb eines Jahrhunderts hat sich die durchschnittliche Lebenserwartung von 30 auf 71 Jahre erhöht.
- Seit 1945 ist die Zahl der Todesfälle durch Gewalteinwirkung (Kriege oder Kriminalität) deutlich zurückgegangen, vor allem in Europa.
- Die Industrien produzieren praktisch keine Substanzen mehr, die die Ozonschicht zerstören. Sie dürfte sich im größten Teil der Welt vor 2050 regeneriert haben. Annähernd 25 Millionen Fälle von Krebs werden dadurch vermieden.
- Die Wasserqualität von Rhein und Seine, zwei der noch vor 30 Jahren am meisten verschmutzten Flüsse der Welt, hat sich deutlich verbessert, was zeigt, dass es im Umweltbereich kein unabwendbares Schicksal gibt und die Dinge nicht immer unumkehrbar sind.

Eine mögliche Zukunft

Allgemeiner und energisch zukunftsbezogen gesprochen: Welche Versprechungen individueller und kollektiver Entfaltung birgt doch unsere Welt!

- Die weltweite Verbreitung des demokratischen Prinzips wird sehr viel länger dauern und komplexer sein, als sich manche nach dem Fall der Berliner Mauer 1989 vorstellen konnten, und sei es nur, weil dieses durch das Zusammenwirken mit dem spekulativen Finanzkapitalismus weitgehend seines Inhalts und seiner Attraktivität beraubt wurde. Aber überall auf der Welt erhebt man sich noch immer im Namen der Demokratie, wovon beispielsweise die arabischen Revolutionen zeugen, so unvollendet oder zwiespältig sie sein mögen. Vorläufig unterdrückt, nehmen sie doch ständig einen neuen Aufschwung.

- Es rückt also durchaus in den Bereich des Denkbaren, mit allen diktatorischen oder korrupten Mächten (heute in Bagdad, Beirut, Algier, Hongkong, Santiago usw.) Schluss zu machen, vor allem dank der Zunahme an demokratischen Grunderfahrungen und des verstärkten Informationsflusses, selbst wenn man derzeit eher eine Rückkehr der Diktaturen erlebt, was den Aufstieg des Konvivialismus umso dringlicher macht.
- Das Ende des Kolonialzeitalters und der Rückgang des Eurozentrismus öffnen den Weg zu einem wirklichen Dialog der Zivilisationen, der wiederum das Entstehen eines neuen Universalismus ermöglicht – eines mehrstimmigen Universalismus, eines *Pluriversalismus*.
- Dieser plurale Universalismus entsteht dank der Anerkennung gleicher Rechte und einer endlich erreichten Gleichstellung von Mann und Frau. Die Anerkennung dieser Gleichstellung hat in den letzten Jahren rasante Fortschritte gemacht, bis hin zu Ländern islamischer Tradition, die ihr Gegenüber am zurückhaltendsten sein mochten. Im Westen stellt die #MeToo-Bewegung einen entscheidenden Durchbruch in dieser Sache dar, ab dem nichts mehr so ist wie zuvor.
- Das neue Weltbewusstsein, das so entsteht, ist Ausdruck wie Ergebnis neuer Formen der Partizipation und der Sachkenntnis von Bürgerinnen und Bürgern mit einem nunmehr globalen ökologischen Bewusstsein, das besonders bei den jungen Generationen spürbar geworden ist. Sie führen die Fragen des »guten Lebens«, des erreichbaren Grades und der Grenzen von »Entwicklung« oder »Wachstum« in die öffentliche Debatte ein.
- Die Informations- und Kommunikationstechnologien vervielfachen, sofern sie nicht zu Manipulations- und Kontrollzwecken verwendet werden, die Möglichkeiten persönlicher

Kreativität und Verwirklichung, ob im Bereich der Kunst, der Wissenschaft, der Erziehung, der Gesundheit, der Partizipation am Gemeinwesen, des Sports oder der menschlichen Beziehungen überall in der Welt.

- Das Beispiel von Wikipedia, Linux und der Peer-to-Peer-Beziehungen zeigt, was auf dem Gebiet der Erfindung und des Teilens von Praktiken und Kenntnissen möglich ist.
- Die Ausbreitung dezentraler und autonomer Produktionsweisen und Austauscharten ermöglicht den »ökologischen Wandel«, besonders im Rahmen der sozialen und solidarischen Ökonomie, in der das Engagement der Frauen eine entscheidende Rolle spielt.
- Die endgültige Ausrottung des Hungers und der Armut ist ein erreichbares Ziel, unter der Bedingung einer gerechteren Verteilung der vorhandenen materiellen Ressourcen im Rahmen der Entstehung neuer Bündnisse zwischen den Akteuren des Nordens und des Südens.
- Viele Krankheiten, die früher tödlich waren, können heute geheilt oder eingedämmt werden (Aids durch Dreifachtherapien, manche Krebsarten usw.), selbst wenn die stark nachlassende Wirksamkeit von Antibiotika und der Verlust an bakterieller Vielfalt, den sie herbeiführen, alarmierend sind.

Usw.

Die gegenwärtigen Bedrohungen

Alle diese Möglichkeiten können nur Wirklichkeit werden, wenn es der Menschheit gelingt, mit den schrecklichen Bedrohungen fertig zu werden, die sich vor ihr auftun und ihr Überleben mittel- und langfristig gefährden.

Die offensichtlichsten sind zunächst ökologischer Art...

Angesichts ihrer engen Verflechtung ist es nicht unbegründet, von einer einzigen und systemischen Bedrohung zu sprechen: die der Einflüsse menschlichen Handelns auf ihre ökologische Nische. Die Menschheit lebt über ihre Verhältnisse. 2019 hatte sie, nach Berechnungen des World Wildlife Fund (WWF), bereits am 29. Juli so viele Naturressourcen verbraucht, wie die Erde in einem Jahr erneuern kann (auf dem europäischen Kontinent sogar schon am 10. Mai). 1999 war der »Welterschöpfungstag«[1] noch am 29. September. Die Liste der wichtigsten Umweltbedrohungen ist wohlbekannt:

- Der Klimawandel, die Katastrophen jeglicher (natürlicher, humanitärer, sozialer usw.) Art und die gigantischen Migrationsströme, die sie nach sich ziehen werden.
- Der Rückgang der Biodiversität (eine Million Tier- oder Pflanzenarten sind nach einem aktuellen UNO-Bericht vom Aussterben bedroht).
- Die teilweise irreversible Störung der natürlichen Ökosysteme, die galoppierende Denaturierung der Böden, die Verschlechterung und langfristige Erosion landwirtschaftlich nutzbarer Flächen.
- Die Zerstörung der Wälder, insbesondere im Amazonasbecken, einer der wesentlichen Sauerstoffquellen des Planeten (die sich seit der Wahl von Jair Bolsonaro zum brasilianischen Präsidenten im Januar 2019 stark beschleunigt hat).
- Die Verschmutzung der Luft, die sich in vielen Großstädten wie Peking, Neu-Delhi oder Mexiko kaum noch atmen lässt.

1 | Der »Welterschöpfungstag« wird von den NGOs WWF und Global Footprint Network auf der Grundlage von drei Millionen statistischer Daten aus 200 Ländern berechnet (https://www.wwf.de/2019/juli/als-gaebe-es-kein-morgen)

- Der Rückgang der Fischbestände aufgrund von Überfischung und Gewässerverschmutzung.
- Die diffuse Verschmutzung der Weltmeere und Kontinentalgewässer.
- Die Anreicherung von Abfällen in der Umwelt, angefangen mit dem Plastikmüll, der einen »sechsten Kontinent« innerhalb der Weltmeere darstellt.
- Die beständige Gefahr einer Atomkatastrophe, ob in Form von Industrieunfällen wie in Tschernobyl oder von Natur- und Industriekatastrophen wie in Fukushima, oder in Form eines Atomkrieges, der durch unkontrollierbare Algorithmen oder irgendeinen verrückten Diktator ausgelöst wird.
- Die Verknappung der Energieressourcen (Erdöl, Gas), der Mineralien (vor allem seltene Erden) und der Nahrungsmittel, die das Wachstum erst ermöglicht haben, sowie die Konflikte und Kriege um den Zugang zu diesen Ressourcen.

Der Klimawandel fasst bereits für sich genommen die ökologischen Herausforderungen zusammen, sowohl aufgrund des potentiellen Ausmaßes seiner sozialen und humanitären Folgen als auch aufgrund der Schnelligkeit, mit der diese sich zeigen werden. Die Konsequenzen einer Erderwärmung, die derzeit bei etwa 1 °C im Vergleich zur Durchschnittstemperatur der Erdoberfläche in vorindustrieller Zeit liegt, sind bereits jetzt sichtbar. Ohne Nachbesserung der Klimaziele des Pariser Übereinkommens (2015) und ohne sofortige Umsetzung der notwendigen Maßnahmen wird die globale Erwärmung mindestens 1,5 °C zwischen 2030 und 2052 und 3 °C bis 2100 erreichen. Angesichts der derzeitigen Untätigkeit der Regierungen wird letztere (alarmierende) Zahl von den Klimaforschern bereits für zu optimistisch erachtet.[2]

Physische Auswirkungen der Erderwärmung sind der Anstieg des Meeresspiegels, Naturkatastrophen (Eindringen von Salzwasser und Überschwemmungen in Küstenregionen, Dürre, Ausbleiben oder Intensivierung von Niederschlägen usw.), Verringerung, ja Verschwinden der Biodiversität und bestimmter Ökosysteme, landwirtschaftliche Ertragsverluste, gesundheitliche Probleme usw. Die sozialen Auswirkungen lassen sich an der angekündigten Zunahme klimabedingter Migrationsbewegungen ermessen. Nach Prognosen der Weltbank, die, verglichen mit anderen Forschungsarbeiten, eher optimistisch sind, wird die Zahl der Klimaflüchtlinge bis 2050 auf 143 Millionen steigen. Ein dramatischeres Szenario, das von dem unabhängigen Forscherteam Climate Central erstellt und am 29. Oktober 2019 in *Nature Communications* veröffentlicht wurde, schätzt, dass bis 2050 jährlich 300 Millionen Menschen von Flutkatastrophen bedroht sein werden.[3] Nach Aussagen der Internationalen Organisation für Migration (einer Unterorganisation der Vereinten Nationen) könnten Klimaveränderungen bis 2050 nahe-

2 | Zum Zeitpunkt der Endredaktion dieses Buches war in der zehnten Auflage des *Emissions Gap Reports* des Umweltprogramms der Vereinten Nationen, die am 29. November 2019 anlässlich der 25. Weltklimakonferenz (COP 25) veröffentlicht wurde, zu lesen, dass wenn die Staaten nicht ihre Treibhausgasemissionen zwischen 2020 und 2030 um 7,6 % jährlich verringern würden, die Erdtemperatur um 3,9 °C bis 2100 steigen könnte, was »umfangreiche und zerstörerische Klimafolgen haben würde«. Das Wenigste, was man derzeit sagen kann, ist, dass wir diesen Weg nicht einschlagen. Die Emissionen sind nämlich in den letzten zehn Jahren im Durchschnitt um 1,5 % gestiegen und allein zwischen 2017 und 2018 um 3,2 %.

3 | Scott A. Kulp, Benjamin H. Strauss, »New Elevation Data Triple Estimates of Global Vulnerability to Sea-Level Rise and Coastal Flooding«, *Nature Communications*. Vgl. Le Monde, 31. Oktober 2019, S. 7.

zu eine Milliarde Menschen zur Umsiedlung zwingen. Es ist nicht übertrieben zu sagen, dass der Klimawandel bis Ende dieses Jahrhunderts das Überleben zivilisierter Lebensformen (wenn nicht der ganzen Menschheit) gefährden könnte.

Man wird diese Probleme nicht lösen, indem man das Wachstum des Bruttoinlandsprodukts vom Verbrauch nicht erneuerbarer Ressourcen entkoppelt. Dieser Prozess würde viel zu langsam verlaufen, um große Brüche vermeiden zu können. Auf technische Neuerungen zu setzen, um Wirtschaftswachstum und Treibhausgasemissionen zu entkoppeln, ist illusorisch. Die Anstrengungen, die seit drei Jahrzehnten unternommen wurden, um das Wachstum zu »dekarbonisieren«, waren und werden nur von begrenzter Wirksamkeit sein.

Es wird nicht möglich sein, dieser gewaltigen Herausforderung zu begegnen, ohne eine Reihe technischer, organisatorischer und sozialer Veränderungen durchzuführen, die einen tiefgreifenden Wandel der Logik des Wirtschaftssystems auf globaler Ebene voraussetzen.

Die Klimafrage betrifft alle Erdbewohner in gleicher Weise und ihre Lösung erfordert folglich die Anstrengungen aller.

...aber auch wirtschaftlicher, sozialer, politischer, moralischer Art

Um die soziale Nachhaltigkeit unseres Entwicklungsmodells ist es nicht besser bestellt als um seine ökologische Nachhaltigkeit. Es ist kaum nötig, an die lange Liste von Problemen zu erinnern, deren Zuspitzung bereits einen allgemeinen Rückgang nicht nur demokratischer Praktiken, sondern auch demokratischer Ideale im Weltmaßstab zur Folge hatte:

- Der Fortbestand, die Entstehung, die Zunahme oder die Wiederkehr der Arbeitslosigkeit und des Prekariats, der Ausgrenzungen und der Armut fast überall auf der Welt.

- Eine Arbeitslosigkeit, die umso größer ausfallen wird, als die exponentiellen Fortschritte der künstlichen Intelligenz und der Robotertechnik Gefahr laufen, einen Gutteil der menschlichen Arbeitskraft zu ersetzen, und zwar nicht nur in Bezug auf die einfachsten und monotonsten Aufgaben. Ein erheblicher Teil der Menschheit riskiert somit, ökonomisch überflüssig zu werden. Eine solche Situation hat es bisher noch nie gegeben und ihr Eintreten würde eine kolossale Herausforderung bedeuten.
- Eine »große Teilung« oder vielmehr große Spaltung zwischen Menschen, die durch die Beherrschung und den Einsatz von künstlicher Intelligenz »wachsen« und denen, die, weil sie nicht folgen wollen oder können, im gleichen Zug »schrumpfen«.
- Die überall maßlos gewordene Kluft zwischen den Ärmsten und den Reichsten. Sie schürt einen Kampf aller gegen alle in einer Logik verallgemeinerter Gier und trägt zum Entstehen von Oligarchien bei, die sich, abgesehen von (immer selteneren) Lippenbekenntnissen, über die demokratischen Normen hinwegsetzen.
- Die Existenz dutzender multinationaler Konzerne, angefangen mit den GAFAM (Google, Amazon, Facebook, Apple und Microsoft), die reicher und mächtiger sind als viele Staaten und außerhalb jeglicher demokratischen Kontrolle stehen, indem sie sich eines Großteils ihrer Steuerpflichten entziehen, was die öffentliche Hand zusätzlich schwächt.
- Die Kontrolle der Daten großer Teile der Weltbevölkerung durch eine kleine Zahl gigantischer Unternehmen wie Facebook und Google oder durch autoritäre Regime (man denke an die systematische Bewertung der Bürger durch die chinesischen Behörden).
- Das Zerbrechen gewachsener politischer Strukturen oder die Unfähigkeit, neue zu bilden, was zu immer mehr Bür-

gerkriegen, Stammes- oder interethnischen Konflikten, ergänzt um Religionskriege, führt.

- Die Aussicht auf eine mögliche Wiederkehr großer zwischenstaatlicher Kriege, die mit Sicherheit noch unendlich mörderischer wären als die bisherigen.
- Das Erstarken von Privatarmeen, die parlamentarischer Kontrolle entzogen sind. Manche sind bereits in der Lage, schweres Gerät zu mobilisieren und eine reguläre Armee zu destabilisieren.
- Die weltweite Entwicklung eines blinden Terrorismus.
- Die wachsende soziale, ökologische und öffentliche Unsicherheit und in Reaktion darauf Exzesse an Sicherheitsideologien.
- Die zunehmende Verbreitung krimineller Untergrundorganisationen und immer gewalttätigerer Mafiagruppen.
- Deren diffuse und beängstigende Verbindungen zu den Steuerparadiesen und zur spekulativen Hochfinanz.
- Der wachsende Einfluss der spekulativen Hochfinanz auf alle politischen und wirtschaftlichen Entscheidungen.
- Die Misshandlung der Körper und Psychen, die einer Norm ständiger Beschleunigung unterworfen sind.

Die Gefahr, dass die Spekulationsblasen platzen, aus denen sich der herrschende Kapitalismus speist, der die Reichen immer reicher macht. Dieses Platzen wird zu einer Wirtschaftskrise viel größeren Ausmaßes als die von 2008 führen, der nicht mit den gleichen Methoden – der Geldemission, dem *quantitative easing* – wird beizukommen sein, weil gerade sie es sind, die durch Vermehrung von Schulden ohne Beziehung zur Realwirtschaft eine schwerere Finanzkrise auslösen werden. Eine Finanzkrise, die schnell Gefahr läuft, sich in eine soziale, politische und moralische Krise zu verwandeln, wie es sie seit den 1930er Jahren, in denen die faschistischen Regime aufkamen, nicht mehr gegeben hat.

Diese beiden Arten von Bedrohungen – ökologische einerseits, wirtschaftliche, soziale, politische und moralische andererseits – sind eng miteinander verflochten und verstärken sich gegenseitig. Alle sind auf die eine oder andere Weise mit dem rasanten weltweiten Anstieg der Ungleichheiten verbunden. Es sei daran erinnert: vierzig Personen besitzen so viele Reichtümer wie vier Milliarden Menschen. Anders formuliert, an diesem Maßstab gemessen ist eine Person so viel wert wie 100 Millionen andere. Allmählich erreicht man überall wieder ähnliche wirtschaftliche Ungleichheiten wie in den 1900er Jahren, aber auf einem absolut betrachtet ungleich höheren Niveau. In den Vereinigten Staaten beispielsweise hatte in den 1920er Jahren das 1 % der Reichsten 40 % des Nationalvermögens inne. Diese Zahl, die in den 1970er Jahren auf 20 % fiel, ist mittlerweile wieder bei 40 % angekommen. Und das reichste Promille besitzt alleine schon 20 %.[4] Der Wert der 400 größten Vermögen betrug im September 2019 annähernd 3.000 Milliarden Dollar, nachdem er innerhalb von zehn Jahren um das 2,3-Fache gestiegen war.[5] In Frankreich hat sich laut dem Wirtschaftsmagazin *Challenge*[6] die Gesamtsumme der 500 größten französischen Vermögen zwischen 2008 und 2018 verdreifacht. Sie wurde 2019 auf 650 Milliarden Euro geschätzt und betrug damit 30 % des französischen Bruttoinlandprodukts (gegenüber 10 % 2009 und 6,4 % 1996).

Dieser dramatische Anstieg der Ungleichheiten, der den Glauben an die Demokratie und das Vertrauen in die Institutionen von Grund auf beschädigt, ist, aus verschiedenen Gründen, auch der primäre Faktor für die Klima- und Umweltveränderun-

4 | Gabriel Zucman, in *Le Monde*, 15. Oktober 2019, S. 28.

5 | *Le Monde*, 9. November 2019, S. 16.

6 | Ranking 2019 des Magazins, das jährlich die Zahlen für die 500 größten, beruflich erworbenen Vermögen Frankreichs angibt.

gen. Und sei es nur, weil die Reichsten auch die größten Umweltverschmutzer sind. Man bräuchte fünf Erden, um den Lebens- und Konsumstil der US-Amerikaner zu verallgemeinern, annähernd drei für den der Europäer und mehr als zwei für den der Chinesen (fast neun für die Einwohner Katars...).

Angesichts all dieser Risiken ist die Gefahr groß, dass sich der »ökologische Wandel« oder das »grüne Wachstum« nicht mehr auf der Höhe der Probleme befinden. Umso mehr, wenn kein Land sich ihrer wirklich annimmt. Zum ersten Mal in ihrer Geschichte ist die Menschheit objektiv und radikal vereint durch zusammenhängende, lebensbedrohliche Gefahren, die nur auf globaler Ebene angegangen werden können. Was eine ebenso globale Bewusstwerdung und eine Umkehrung aller heute dominierenden Werte voraussetzt.

Inzwischen müssen wir eine andere Art der Definition von dem finden, explizit machen und vermitteln, was es bedeutet, ganz und gar menschlich und menschenwürdig zu sein.

I. Die zentrale Herausforderung

Die ersten Gefahren der Gegenwart sind hauptsächlich materieller, technischer, ökologischer und ökonomischer Art. Man kann sie als *entropische* Gefahren bezeichnen. Trotz der enormen Probleme, die sie aufwerfen, könnte man ihnen im Prinzip vielleicht allen auf die gleiche, nämlich technische, ökologische und ökonomische Art begegnen. Was uns daran hindert, ist zunächst die Tatsache, dass viele von ihnen noch nicht für uns alle unmittelbar offenkundig sind und dass es schwierig ist, sich gegen zum Teil unbestimmte Risiken mit ungewissem Fälligkeitsdatum zu engagieren. Ein solches Engagement ist nur im Rahmen einer Zukunftsethik denkbar. Doch was uns noch tiefgreifender lähmt, ist die Tatsache, dass wir weit unfähiger sind, uns Antworten auf die zweite Art von Gefahren auch nur vorzustellen. Nämlich auf die Gefahren moralischer und politischer Art, die man als *anthropisch* bezeichnen könnte. Sie resultieren unmittelbar aus der Art und Weise, wie die Menschen übereinander denken und wie sie miteinander umgehen. Die Jugend vieler Länder beginnt, mit bemerkenswerter Energie aufzubegehren, um einschneidende Maßnahmen gegen die Klimaerwärmung zu fordern. Aber sie wird keinen Erfolg haben, wenn sie sich nicht der Tatsache bewusst wird, dass die erste Herausforderung die der Beziehung der Menschheit zu sich selbst ist.

Die Mutter aller Bedrohungen: die Grenzenlosigkeit (Hybris)

Wir müssen also einer ebenso offensichtlichen wie dramatischen Schlussfolgerung ins Auge sehen.

Zwar hat die Menschheit gewaltige technische und wissenschaftliche Fortschritte erzielt, konnte jedoch ihr größtes Problem noch immer nicht lösen: Wie mit der Rivalität und der Gewalt zwischen den Menschen umgehen? Wie sie dazu bewegen, zusammenzuarbeiten, wobei jede/r das Beste von sich selbst gibt, sodass es möglich wird, einander zu widersprechen, ohne einander niederzumetzeln? Wie lässt sich die heute grenzenlose und potentiell selbstzerstörerische Anhäufung von Macht über Mensch und Natur verhindern? Ohne eine rasche Antwort auf diese Fragen wird die Menschheit gänzlich oder teilweise untergehen. Dabei sind alle materiellen Voraussetzungen für ihren Wohlstand gegeben, sofern man sich entschieden ihrer Endlichkeit bewusst wird.

Die bestehenden Antworten

Zur Lösung dieses Problems stehen uns viele Bausteine zur Verfügung: all jene, die im Laufe der Jahrhunderte von den Religionen, Kulturen, Morallehren, den politischen Doktrinen sowie den Geistes- und Sozialwissenschaften vorgelegt wurden, sofern sie nicht einem bald machtlosen, bald mörderischen Sektierertum, Moralismus und Idealismus oder schließlich einem unfruchtbaren Szientismus verfielen. Alle diese wertvollen Elemente sollten so schnell wie möglich zusammengetragen und in einer Weise expliziert werden, dass all jene auf der Welt – die große Mehrheit – sie verstehen und teilen können. Jene, die ihre Hoffnungen schwinden sehen, die unter den derzeitigen Entwicklungen leiden oder diese fürchten und die, jede in ihrem Bereich und nach ihren Möglichkeiten, zum Schutz und zur Rettung von Welt und Menschheit beitragen wollen.

Es gibt unzählige Initiativen in dieser Richtung, die von Tausenden von Organisationen und Vereinigungen und von vielen Millionen Menschen getragen werden. Sie erscheinen unter unendlich vielfältigen Namen, in unendlich vielfältigen Formen und Größen: Verteidigung der Menschenrechte, der Rechte der Frauen, der Bürger/innen, der Arbeiter/innen, der Arbeitslosen oder der Kinder; die soziale und solidarische Ökonomie mit all ihren Komponenten: Produktions- und Konsumgenossenschaften, Gemeinwohlökonomie, Fairer Handel, Parallel- oder Komplementärwährungen, lokale Tauschsysteme, Vereine gegenseitiger Hilfe; digitale Commons (vgl. Linux, Wikipedia usw.); Postwachstum und Post-Development; Bewegungen wie *slow food, slow town, slow science*; die Forderung nach *buen vivir*, die Bekräftigung der Rechte der Natur und das Lob der *Pachamama*; die Globalisierungskritik, politische Ökologie und radikale Demokratie, die *indignados*, *Occupy Wall Street*, die Suche nach alternativen Wohlstandskriterien, Bewegungen der persönlichen Veränderung, des freiwilligen Maßhaltens, des bescheidenen Überflusses, des Dialogs der Kulturen, die *care ethics*, die neuen Konzepte der *Commons* usw.

Damit diese wertvollen Initiativen in der Lage sind, der tödlichen Dynamik unserer Zeit mit hinreichender Kraft entgegenzuarbeiten und nicht in die Rolle des bloßen Protests oder einer Notlösung abgedrängt zu werden, ist es notwendig, ihre Kräfte und Energien zu bündeln sowie ihre Gemeinsamkeiten hervorzuheben.

Gemeinsam ist ihnen die Suche nach einem *Konvivialismus* (einigen wir uns auf diesen Terminus, da wir eine gemeinsame Minimaldoktrin benennen müssen), einer Kunst des Zusammenlebens (*con-vivere*), die Beziehungen und Zusammenarbeit würdigt und es ermöglicht, einander zu widersprechen, ohne einander niederzumetzeln, und gleichzeitig füreinander und für die Natur Sorge zu tragen. Es geht auch darum, einander zu widersprechen, denn es wäre nicht nur illusorisch, sondern auch verhängnisvoll, eine Gesellschaft errichten zu wollen, die die Konflikte zwischen Gruppen und Individuen ignoriert. Solche Konflikte gibt es notwendiger- und natürlicherweise in jeder Gesellschaft. Nicht nur, weil sich überall und immer Interessen und Ansichten zwischen Eltern und Kindern, Älteren und Jüngeren, Männern und Frauen, zwischen den Ärmsten und den Reichsten, den Mächtigsten und den Ohnmächtigen, den Glückspilzen und den Pechvögeln usw. unterscheiden, sondern weil ganz allgemein jeder Mensch danach strebt, in seiner Besonderheit anerkannt zu werden, was einen bestimmten Anteil an Rivalität mit sich bringt, der ebenso mächtig und fundamental ist wie das ebenfalls gemeinsame Streben nach Eintracht und Zusammenarbeit.

Eine gesunde Gesellschaft (ja, manche Gesellschaften sind gesünder als andere, und andere deutlich weniger) versteht es, dem Wunsch nach Anerkennung aller ebenso gerecht zu werden wie dem Anteil an Rivalität, dem Streben, ständig über sich selbst hinauszuwachsen und sich dem damit verbundenen Risiko zu öffnen. Gleichzeitig versteht sie es zu verhindern, dass sich dieses Streben in Maßlosigkeit verwandelt, in einen Allmachtswunsch, in das, was die Griechen *Hybris*[1] nannten, indem sie im Gegenteil die kooperative Öffnung zu den anderen fördert. Sie schafft Raum für die Vielfalt der Individuen, Gruppen, Völker, Staaten und Nationen, indem sie verhindert, dass die Pluralität in einen Krieg aller gegen alle ausartet. Mit einem Wort: Es gilt, den Konflikt zu einer Kraft des Lebens und nicht des Todes zu machen und die gezähmte Rivalität zu einem Mittel, Zusammenarbeit zu fördern und Vertrauen herzustellen. Zu einer Waffe gegen alle zerstörerischen Gewalten.

---

1 | Was wohl am besten mit »Größenwahn« übersetzt wird, die Gewissheit, dass sich dem Allmachtsgefühl oder -wunsch des Subjekts nichts entgegenstellen kann oder darf. Für die alten Griechen führte dieser Größenwahn den Betroffenen unausweichlich ins Verderben. Nemesis, die Göttin der Rache, war damit beauftragt, den im Griff der *Hybris* Befindlichen ebenso tief hinabzustürzen, wie er geglaubt hatte, sich erheben zu können.

Wir haben mittlerweile keine andere Wahl mehr, als schnell zu finden, was seit Beginn der Menschheitsgeschichte angestrebt wurde: eine dauerhaft, sowohl ethische, ökonomische, ökologische wie politische Grundlage des gemeinsamen Lebens. Diese Grundlage wurde nie wirklich gefunden oder aber allzu schnell wieder vergessen und sei es nur, weil eine Lösung, die auf einer bestimmten Ebene realisierbar ist, es auf einer anderen umfassenderen Ebene nicht ist. Und heutzutage müssen wir auf Ebene der ganzen Menschheit diskutieren. Gesucht wurde und wird diese Grundlage unter Berufung auf das Heilige, sowohl in den ursprünglichen Religionen als auch in den großen Weltreligionen oder den Quasi-Religionen: Taoismus, Hinduismus, Buddhismus, Konfuzianismus, Judentum, Christentum, Islam. Gesucht wird sie auch unter Berufung auf die Vernunft in allen großen Philosophien oder in den weltlichen und humanistischen Morallehren. Und gesucht wird sie schließlich unter Berufung auf die Freiheit in den großen politischen Ideologien der Moderne: Liberalismus, Sozialismus, Kommunismus oder Anarchismus. Was sich jedes Mal und je nach der jeweiligen räumlichen oder demografischen Ebene ändert, ist die mehr oder weniger starke Betonung der Pflichten und Hoffnungen, die dem Individuum (Moral), dem Kollektiv (Politik), dem Verhältnis zur Natur (Ökologie), zum Übernatürlichen (Religion) oder zum materiellen Wohl (Ökonomie) zugeschrieben werden. Denn es ist nicht dasselbe, zu erlernen, mit einigen wenigen Menschen in Anerkennung von Gemeinsamkeiten und nicht-zerstörerischen Unterschieden zusammen zu leben oder dieses von Tausenden von Millionen Menschen zu erwarten.

Das ist das vorrangige Problem, das sich uns stellt: Wie können wir der Grenzenlosigkeit des Machtstrebens, der Hybris, widerstehen? Die Antwort ist unbekannt. Doch zumindest haben wir einen Namen, um die Richtung zu benennen, in der wir suchen müssen: Konvivialismus.

II. Über Konvivialismus

Konvivialismus ist der Name, der allem gegeben wurde, was in den bestehenden oder vergangenen, weltlichen oder religiösen Lehren und Weisheiten zur Suche nach Prinzipien beiträgt, die es den Menschen ermöglichen, zu rivalisieren, um besser zu kooperieren und humanitäre Fortschritte zu machen – im vollen Bewusstsein der Endlichkeit der natürlichen Ressourcen und in der geteilten Sorge um den Schutz der Welt. Als Philosophie und Kunst des Zusammenlebens ist er keine neue Lehre, die sich den anderen überstülpen würde, mit dem Anspruch, sie abzuschaffen oder radikal zu überholen. Er ist die Bewegung ihrer gegenseitigen Befragung, die auf dem Gefühl der extremen Dringlichkeit angesichts der vielfältigen, die Zukunft der Menschheit bedrohenden Gefahren beruht. Er will das Wertvollste jeder der Weisheitslehren finden, die uns überliefert sind.

Was ist das Wertvollste? Und wie definieren und erfassen wir es? Auf diese Frage kann – und darf – es keine eindeutige Antwort geben. Darüber muss jede/r Einzelne befinden. Dennoch gibt es ein entscheidendes Kriterium dafür, was wir von jeder Lehre im Hinblick auf Universalisierung (oder Pluriversalisierung) unter Berücksichtigung der möglichen Katastrophe und der Hoffnung auf eine bessere Zukunft festhalten können. Festzuhalten ist mit Sicherheit von jeder Lehre alles, was es ermöglicht, die Maßlosigkeit und den Konflikt zu beherrschen, um zu vermeiden, dass sie in unkontrollierbare Gewalt ausarten; alles, was zur Kooperation anregt; sowie alles, was sich zum Dialog und zum Gedankenaustausch im Rahmen einer Diskussionsethik eignet.

Diese Überlegungen genügen, um die allgemeinen Umrisse einer universalisierbaren Lehre aufzuzeigen, die den dringlichen Problemen von heute angepasst ist, auch wenn ihre konkrete Anwendung notwendig lokal und situationsabhängig sein wird. Und auch wenn es auf der Hand liegt, dass es ebenso viele möglicherweise umstrittene Varianten des Konvivialismus geben wird wie Varianten des Buddhismus, des Islams, des Christentums, des Judentums, des Liberalismus, des Sozialismus, des Kommunismus usw. (und umgekehrt buddhistische, islamische, liberale, sozialistische usw. Varianten des Konvivialismus). Allein schon deshalb, weil der Konvivialismus keinerlei Anspruch erhebt, diese Religionen oder Lehren abzuschaffen. Bestenfalls kann er dabei behilflich sein, sie »aufzuheben«, mit anderen Worten, sie in einer synthetischen Perspektive zu betrachten und ihre Übereinstimmungen hervorzuheben, um sich die Zukunft besser vorstellen zu können.

Allgemeine Überlegungen

Die einzige legitime Politik, aber auch die einzige akzeptable Ethik sind diejenigen, die sich auf die fünf folgenden Prinzipien berufen: die Prinzipien der gemeinsamen Natürlichkeit, der gemeinsamen Menschheit, der gemeinsamen Sozialität, der legitimen Individuation und des schöpferischen Konflikts. Diese fünf Prinzipien unterliegen dem absoluten Gebot, die Hybris zu beherrschen.

Prinzip der gemeinsamen Natürlichkeit: Die Menschen leben in keinem Verhältnis der Äußerlichkeit zur Natur, zu deren »Herrn und Besitzern« sie sich machen müssten. Wie alle Lebewesen sind sie deren Teil und stehen in einer wechselseitigen Abhängigkeit zu ihr. Sie haben die Verantwortung, sich um sie zu kümmern. Sie nicht zu respektieren hieße, dass sie ihr ethisches und physisches Überleben aufs Spiel setzen.

Prinzip der gemeinsamen Menschheit: Unabhängig von den Unterschieden der Hautfarbe, der Nationalität, der Sprache, der Kultur, der Religion oder des Reichtums, des Geschlechts oder der sexuellen Orientierung gibt es nur eine Menschheit, die in der Person jedes ihrer Mitglieder geachtet werden muss.

Prinzip der gemeinsamen Sozialität: Die Menschen sind soziale Wesen, deren größter Reichtum in den konkreten Beziehungen besteht, die sie zueinander im Rahmen von Vereinigungen, Gesellschaften oder Gemeinschaften unterschiedlicher Art und Größe unterhalten.

Prinzip der legitimen Individuation: Im Sinne dieser drei ersten Prinzipien ist die Politik legitim, die es den Einzelnen ermöglicht, ihre besondere Individualität zu entwickeln, indem sie ihre Fähigkeiten entfalten, ihr Vermögen zu sein und zu handeln, ohne anderen zu schaden und mit Blick auf eine für alle gleiche Freiheit. Im Unterschied zum Individualismus, der auf das jede/r für sich und den Kampf aller gegen alle hinausläuft, erkennt das Prinzip der Individuation nur jenen Individuen einen Wert zu, die ihre Besonderheit nur unter Beachtung ihrer wechselseitigen Abhängigkeit zu anderen und zur Natur zur Geltung bringen.

Prinzip des schöpferischen Konflikts: Weil jede/r Einzelne berufen ist, ihre bzw. seine besondere Individualität zum Ausdruck zu bringen, ist es normal, dass die Menschen gegeneinander opponieren können. Aber das dürfen sie legitimerweise nur tun, solange es den Rahmen der gemeinsamen Menschheit, der gemeinsamen Sozialität und der gemeinsamen Natürlichkeit nicht gefährdet, sodass die Rivalität schöpferisch und nicht zerstörerisch wird. Die richtige Politik ermöglicht also den Menschen, sich zu unterscheiden, indem sie die Rivalität in den Dienst des Gemeinwohls stellt. Das Gleiche gilt für die Ethik.

Zu diesen fünf Prinzipien tritt ein quer liegender Imperativ hinzu:

Imperativ, die Hybris zu beherrschen: Die erste Voraussetzung, damit Rivalität und Wetteifer dem Gemeinwohl dienen, ist, dafür zu sorgen, dass sie sich dem Allmachtstreben, der Maßlosigkeit, der Hybris (und erst Recht der *Pleonexie*, dem Wunsch, immer mehr zu besitzen) entziehen. Sie werden so zur Rivalität um der besseren Zusammenarbeit willen. Anders gesagt: Der Versuch, der oder die Beste zu sein, ist dann sehr empfehlenswert, wenn es darum geht, sich möglichst in der Befriedigung der Bedürfnisse anderer hervorzutun, darin, ihnen das Meiste und Beste zu geben. Das ist etwas ganz anderes als um jeden Preis die Oberhand behalten zu wollen, indem man den anderen nimmt, was ihnen zusteht. Dieses Prinzip, die Hybris zu beherrschen, ist in Wirklichkeit ein Metaprinzip, das Prinzip aller Prinzipien. Es durchdringt alle anderen und muss ihnen als Regulativ und Sicherung dienen. Denn jedes Prinzip, das bis zum Extrem getrieben und nicht durch die anderen abgemildert wird, läuft Gefahr, sich in sein Gegenteil zu verkehren: die Liebe zur Natur oder zur abstrakten Menschheit in einen Hass auf konkrete Menschen; die gemeinsame Sozialität in Korporatismus, Klientelismus, Nationalismus oder Rassismus; die Individuation in einen anderen gegenüber gleichgültigen Individualismus; den schöpferischen Konflikt in einen Kampf der Egos, einen Narzissmus des kleinen Unterschieds oder zerstörerische Konflikte. Dieser Imperativ kann also »kategorisch« genannt werden.

III. Vom ersten zum *zweiten konvivialistischen Manifest*

Das erste *Konvivialistische Manifest* (2013) berücksichtigte nur vier Prinzipien: die Prinzipien der gemeinsamen Menschheit, der gemeinsamen Sozialität, der legitimen Individuation und der Konfliktbeherrschung. Nach seiner Abfassung wurde allmählich deutlich, dass jedes dieser Prinzipien in wenigen Worten den zentralen Wert einer der vier großen politischen Ideologien der Moderne, eine der vier Komponenten des demokratischen Ideals zum Ausdruck brachte. Das Bekenntnis zu einer gemeinsamen Menschheit steht im Zentrum des Kommunismus. Der Sozialismus beruft sich auf das Prinzip der gemeinsamen Sozialität, der Anarchismus auf das der legitimen Individuation. Im Prinzip bevorzugt der Kommunismus die Brüderlichkeit, der Sozialismus die Gleichheit und der Anarchismus die Freiheit.

Der Liberalismus ist schwerer einzuordnen. In einem sehr allgemeinen Sinne und in seiner ursprünglichen Bedeutung verstanden, ist er dem Prinzip des schöpferischen Konflikts gleichzusetzen. Er würdigt und ermöglicht den Pluralismus, der in einem doppelten Sinne zu verstehen ist. Der ursprüngliche Liberalismus akzeptiert zunächst, ja empfiehlt sogar die Pluralität der Meinungen, Sitten und Bekenntnisse. Aber er empfiehlt auch, die verschiedenen Logiken des sozialen Handelns nicht zu verwechseln oder zu vermischen. Die Sphären zu trennen: Legislative, Exekutive und Judikative; das Ökonomische, das Politische und das Ideologische; Wissen, Macht und Vermögen nicht zu verschmelzen und zu verwechseln.

Dieses Prinzip liegt dem modernen demokratischen Ideal zugrunde. Als solches ist es die Möglichkeitsbedingung der drei anderen politischen Ideologien der Moderne. Denn man musste sich weigern, das göttliche Gesetz, das der Könige und Mächtigen oder der heiligen Schriften ungeprüft zu akzeptieren, um das Feld der politischen Innovationskraft zu erschließen. Der ursprüngliche Liberalismus ist also die moderne politische Ideologie par excellence. Doch anders verstanden ist der Liberalismus auch eine Ideologie unter vielen, gleichrangig mit anderen, wenn er den legitimen Konflikt auf die bloße ökonomische Konkurrenz reduziert und nur den Individualismus auf Kosten der gemeinsamen Menschheit oder der gemeinsamen Sozialität honoriert. Er wird dann zum *Liberismus* (ein auf den Markt beschränkter Liberalismus), *Libertarianismus* oder Neoliberalismus. Ein Neoliberalismus, der vielleicht der schlimmste Feind des ursprünglichen politischen Liberalismus ist.

Die großen Weltreligionen haben diese vier Prinzipien natürlich ebenfalls behandelt, jede auf ihre Weise. Indem sie zum Beispiel zu Liebe und Barmherzigkeit aufrufen, ehren sie das Prinzip der gemeinsamen Menschheit. Indem sie Solidarität und Teilen predigen, achten sie das Prinzip der gemeinsamen Sozialität. Indem sie die Wege zum Heil, zur Lebenskraft, zur Erlösung aufzeigen, gestatten sie eine gewisse Individuation. Aber weil sie diese Werte der Anerkennung einer spirituellen Realität unterordnen, die die menschliche Subjektivität transzendiert, tun sie sich oft schwer damit, den schöpferischen Konflikt und die Produktivität des beherrschten Gegensatzes zu denken. In diesem Punkt hat die demokratische Moderne mit ihnen gebrochen, indem sie auf das Prinzip der legitimen Individuation auch im Diesseits beharrt.

Wie man inzwischen gut erkennt, werfen die Diskurse der demokratischen Moderne zwei Arten noch ungelöster Probleme auf, die durchaus mitverantwortlich sind für den bedenklichen Vertrauensverlust, den das demokratische Ideal heute in der ganzen Welt erfährt. Wenn jeder dieser Diskurse sich ausschließlich um sein Zentralprinzip kümmert und die Wichtigkeit der anderen verkennt, verfehlt er sein Ziel. Sich selbst überlassen tendiert beispielsweise das kommunistische Brüderlichkeitsideal dazu, zum Totalitarismus zu entarten. Auf sich gestellt, tendiert das sozialistische Solidaritäts- und Gleichheitsideal dazu, sich in Etatismus zu verwandeln, das anarchistische Ideal in Nihilismus und das liberale Ideal in Ökonomismus und Plutokratie zu versinken. Und natürlich können diese verschiedenen Verfallsformen der ursprünglichen Werte sich untereinander kombinieren und Diktaturen, Bürokratien, mehr oder minder mafiotische Klientelismen, Chaos, Bürgerkriege usw. erzeugen. Der Konvivialismus seinerseits betont die Notwendigkeit, die Interdependenz der vier Prinzipien anzuerkennen. Er postuliert, dass sie gegeneinander abgewogen und ausgeglichen werden müssen. Nur indem man sie untereinander kombiniert und mit dem Prinzip der gemeinsamen Natürlichkeit verknüpft, kann man zu einer ersten Überwindung der überkommenen Ideologien gelangen.

Warum ein fünftes Prinzip und ein kategorischer Imperativ?

Zudem hat sich die Aufstellung dieser vier Prinzipien als unzureichend erwiesen, um in vollem Umfang zu erfassen, was beim Konvivialismus auf dem Spiel steht. Inzwischen erscheint es als notwendig, das Prinzip der gemeinsamen Natürlichkeit und das Metaprinzip der Hybrisbeherrschung zu ergänzen, weil sie die beiden blinden Flecken der modernen demokratischen Ideologien verdeutlichen. Denn alle teilen in unterschiedlichen Graden die gleiche Beschränkung. Weil sie postulieren, dass die Menschen vor allem, wenn nicht ausschließlich, Bedürfniswesen sind, folgern sie daraus, dass die Ursache ihres gegenseitigen Konflikts die materielle Knappheit ist. Darin liegt natürlich viel Wahres. Aber das Bedürfnis ist vom Wunsch nach Anerkennung nicht zu trennen. Man kann alle materiellen Bedürfnisse eines Säuglings, der von seiner Mutter getrennt ist, befriedigen, aber wenn er nicht auch Liebe empfängt, wenn er nicht in seiner Besonderheit anerkannt wird, dann stirbt er oder entwickelt sich nicht weiter.

Die Hoffnung, alle Bedürfnisse zu befriedigen, kann nur enttäuscht werden, denn das Bedürfnis wird durch das Verlangen stets neu entfacht. Wird das Verlangen nicht befriedigt (durch Zuneigung, Respekt oder Wertschätzung) und zugleich durch Verbote beschränkt, die es daran hindern, in Hybris zu entarten, dann werden die Bedürfnisse unstillbar, ganz unabhängig vom erreichten Wohlstandsniveau.

Weil sie die politische Frage auf die Befriedigung der Bedürfnisse und insbesondere der materiellen Bedürfnisse verkürzen, erweisen sich die klassischen Diskurse der demokratischen Moderne als konstitutiv außerstande, dem zentralen Problem der Menschheit zu begegnen. Ein Problem, das zugleich psychologischer und politischer, individueller und kollektiver Natur ist. Auf kollektiver Ebene besteht es darin, in Erfahrung zu bringen, wie man das Allmachtstreben der »Großen«, »die befehlen und unterdrücken wollen« (um es in der Sprache Machiavellis zu sagen), beschränkt, die dem menschlichen Verlangen immanente Hybris, wenn nichts sie kanalisiert. Die Hybris der »Großen« kann durch Nachahmung und Begehrlichkeit die der »Kleinen« auslösen, ihren Neid, ihre Missgunst, ihr Ressentiment.

Um Bedürfnisse zu befriedigen, die durch die Grenzenlosigkeit des Verlangens unstillbar geworden sind, muss man zum »Herrn und Besitzer« der Natur werden, aus einer Gabe/Gegengabe-Beziehung heraustreten, bei der man nicht nehmen kann, ohne im Gegenzug etwas zu geben, und sei es nur symbolisch. Doch die Natur hat ihre Grenzen und die sind heute offenkundig erreicht. Sie hat bereits einen Gutteil dessen, was sie geben kann, gegeben (oder vielmehr: Man hat es ihr genommen.). Da ihr nicht die Aufmerksamkeit zuteil wird, die sie verdient, rächt Gaia sich. Daher ist es notwendig, über das Prinzip der gemeinsamen Natürlichkeit zu bekräftigen, dass unser Schicksal mit dem ihren verknüpft ist, dass wir in einer Beziehung der Interdependenz mit ihr leben und dass wir, wenn wir sie erschöpfen, unser eigenes Überleben aufs Höchste gefährden, wie schon seit langem die politische Ökologie begreiflich macht. Die politische Ökologie ist der fünfte Diskurs der Moderne, der jüngste. Vielleicht auch der wertvollste, dem es aber noch nicht gelungen ist, sein Verhältnis zu den anderen überlieferten Ideologien zu klären.

Das Metaprinzip der Hybrisbeherrschung wiederum, das schon die alten Griechen so glänzend beschrieben haben, formuliert das Zentralproblem, dem sich die Menschheit nunmehr entschlossen stellen muss. Wenn sie nicht herausfindet, wie und in wessen Namen die potentielle Grenzenlosigkeit des Verlangens zu kanalisieren ist, wird sie sich schwertun, weiterzuleben. Die wesentliche und eigentlich soziale und politische Rolle der Religionen bestand gerade darin: das Allmachtverlangen der »Großen« und der »Kleinen« zu zügeln, indem man die einen wie die anderen einem transzendenten Gesetz, der Heteronomie unterwirft und jene, die der Versuchung widerstehen, mit der Aussicht auf Belohnung lockt, während man denen, die ihr nachgeben, mit prä- oder postmortalen Strafen droht.

Das Problem mit den Diskursen der modernen Demokratie ist, dass sie der Grenzenlosigkeit des Verlangens keinen Einhalt gebieten. Ihre Größe besteht im Emanzipationsversprechen, anders gesagt, in der Behauptung, dass die Individuation, die Subjektivierung, das Subjektwerden eine Möglichkeit für alle darstellt. Ja, sagen sie, es ist möglich, notwendig und wünschenswert, den heteronomen »Zustand der Unmündigkeit« zu verlassen und sich von der Herrschaft der Großen zu befreien. Doch letzten Endes können diese Diskurse die Emanzipation zumeist kaum anders denken, denn als Aufforderung, es der Hybris der Großen gleichzutun und sie zu reproduzieren, in größerem oder kleinerem Maßstab, jeder auf seinem Niveau. Sie wollen gewissermaßen, dass wir aufhören, Diener zu sein, um alle zu Herrn werden. Das aber ist naturgemäß ausgeschlossen und löst mitnichten das Problem der Hybris. Weder auf kollektiver noch auf individueller Ebene.

Wie soll man Ungläubige, Gottlose, »Moderne« – vor allem, wenn sie nicht mehr an die »weltlichen Religionen«, den Kommunismus, die Republik, den Sozialismus, den Fortschritt usw. glauben – davon überzeugen, auf die Hybris, auf den kindlichen Allmachtwunsch zu verzichten, wenn sie auf keine jenseitige Belohnung mehr hoffen und keine jenseitige Strafe mehr fürchten? Warum, in wessen Namen sollten sie auf ihren Wunsch verzichten, all jene zu beherrschen, die zu beherrschen sie die Macht hätten? Die Antwort lautet, dass sie durch den Verstoß gegen die Prinzipien der gemeinsamen Menschheit, der gemeinsamen Sozialität, der gemeinsamen Natürlichkeit, der legitimen Individuation für alle und des schöpferischen Konflikts das Überleben der ganzen Menschheit in Gefahr bringen und sich deshalb dem Zorn und der Verachtung aller aussetzen. Ein legitimer Zorn und eine legitime Schmach. Ein gerechter Zorn, der sich gleichwohl nicht in Hass und Ressentiment verwandeln darf, weil sonst nur eine verderbliche Hybris gegen eine noch verheerendere Hybris eingetauscht würde.

Unter der Herrschaft des Neoliberalismus und des spekulativen Finanzkapitalismus ist der einzige noch verbliebene Wert der Warenreichtum. Vom herrschenden Denken werden nur jene der Anerkennung für würdig erachtet, die jene Macht erlangen, die das Geld verleiht. Das Vertrauen weicht somit dem Misstrauen. In einer konvivialistischen Gesellschaft hingegen werden zunächst solche Aktionen wertgeschätzt, die dem Prinzip der gemeinsamen Menschheit Geltung verschaffen, solche, die dazu beitragen, soziale Beziehungen harmonischer zu gestalten, solche, die dem Erhalt der natürlichen Umwelt dienen, und solche, die sich in der Kunst, der Wissenschaft, der Technik, dem Sport, der demokratischen Innovationskraft, der Konvivialität usw. entfalten. Der Konvivialismus ist in erster Linie eine Bewegung zur Umkehrung der heute herrschenden Werte und zur Erfindung von Werten, die einen Fortschritt in Richtung Menschlichkeit bedeuten.

IV. Moralische, politische, ökologische und ökonomische Überlegungen

Legen wir das Minimum der bisher entwickelten allgemeinen Überlegungen im Einzelnen dar, um die grundlegenden Herausforderungen des Konvivalismus deutlicher hervortreten zu lassen.

Moralische Überlegungen

Jeder Einzelne darf hoffen, dass ihm eine ebenso große Würde zuerkannt wird wie allen anderen Menschen und dass ihm hinreichende materielle Bedingungen zugänglich sind, um seine Auffassung von einem guten Leben, unter Berücksichtigung der Auffassungen anderer, zu verwirklichen, und sich um die Anerkennung der anderen zu bemühen, indem er, wenn er es wünscht, am politischen Leben und an allen Entscheidungen teilnimmt, die seine Zukunft und die seiner Gemeinschaft betreffen.

Es ist ihm untersagt, im infantilen Wunsch nach Allmacht (der griechischen Hybris) der Maßlosigkeit zu verfallen, d.h. das Prinzip der gemeinsamen Menschheit zu verletzen und die gemeinsame Sozialität unter dem Vorwand zu gefährden, irgendeiner höheren Art anzugehören, oder dadurch, dass er eine solche Menge an Gütern oder eine solche Machtfülle an sich reißt und monopolisiert, dass die soziale Existenz aller Schaden nimmt.

Konkret ist es jedermanns Pflicht, die Korruption, je nach eigenen Mitteln und eigenem Mut, zu bekämpfen und sie überall dort anzuprangern, wo er von ihr Kenntnis hat, auch gegen den Rat seiner Vorgesetzten. Das Anprangern, das oft kostspielig und riskant ist, unterscheidet sich darin von der Denunziation, dass es durch die Sorge um das Gemeinwohl motiviert ist und nicht durch die Aussicht, einen Vorteil daraus zu ziehen, geschweige denn, persönliche Rechnungen zu begleichen. Doch besteht diese Pflicht auch darin, sich selbst nicht korrumpieren zu lassen und es folglich abzulehnen, im Tausch gegen Geld (oder Macht oder institutionelles Prestige) Lüge, Betrug, Verschleierung oder illegale Praktiken zu akzeptieren.

Politische Überlegungen

Es ist illusorisch, in absehbarer Zukunft die Errichtung eines einzigen Weltstaats zu erwarten. Die herrschende Organisationsform wird also für lange Zeit die vieler Staaten bleiben – seien sie national, plurinational, prä- oder postnational –, auch wenn insbesondere in Europa nach neuen politischen Formen gesucht wird und auch wenn es viele andere Arten politischen Handelns gibt, namentlich über Vereinigungen und NGOs. In konvivialistischer Hinsicht kann ein Staat oder eine Regierung oder eine neue politische Institution nur unter folgenden Umständen als legitim gelten:

- Sie müssen die fünf Prinzipien der gemeinsamen Natürlichkeit, der gemeinsamen Menschheit, der gemeinsamen Sozialität, der Individuation und des schöpferischen Konflikts beachten und die Umsetzung der daraus folgenden moralischen, ökologischen und ökonomischen Überlegungen befördern, unter Beachtung des Gebots der Hybrisbeherrschung.
- Diese Prinzipien müssen Teil einer Verallgemeinerung bürgerlicher und politischer, aber auch wirtschaftlicher, sozialer, kultureller und ökologischer Rechte sein. Sie knüpfen an den Geist der Erklärung von Philadelphia an, in der 1944 die Ziele der Internationalen Arbeitsorganisation (ILO) neu de-

finiert wurden, und die im Artikel 2 bestimmte: »Alle Menschen, ungeachtet ihrer Rasse, ihres Glaubens und ihres Geschlechts, haben das Recht, materiellen Wohlstand und geistige Entwicklung in Freiheit und Würde, in wirtschaftlicher Sicherheit und unter gleich günstigen Bedingungen zu erstreben.« Eine richtige Politik ist eine Politik der Würde.

- Insbesondere sind nur solche Staaten legitim, die ihren ärmsten Bürgerinnen und Bürgern ein Minimum an Ressourcen garantieren, ein *Mindesteinkommen,* in welcher Form auch immer, das sie vor der Schande der Verelendung schützt, und die es den Reichsten nach und nach mit Hilfe der Einführung eines *Höchsteinkommens* und *Höchstvermögens* untersagen, der Schande des extremen Reichtums anheimzufallen und ein Niveau zu überschreiten, das die Prinzipien der gemeinsamen Menschheit und der gemeinsamen Sozialität untergräbt. Dieses Niveau kann relativ hoch sein, darf jedoch nicht über das hinausgehen, was der Anstand gebietet (*common decency*), die von der großen Mehrheit geteilte Einschätzung, was zulässig oder im Gegenteil nicht zulässig ist.
- Sie achten auf das rechte Gleichgewicht zwischen privaten, gemeinsamen, kollektiven und öffentlichen Gütern und Interessen, insbesondere durch Rückgewinnung ihrer Handlungsfähigkeit gegenüber supranationalen Konzernen, die ihre Gesetze zu umgehen versuchen.
- Sie sorgen oberhalb und unterhalb der Ebene des Staates und des Markts für die Vermehrung gemeinsamer und assoziativer Tätigkeiten, die grundlegend sind für eine globale Zivilgesellschaft, in der das Prinzip der Selbstverwaltung in einer Vielzahl von Räumen bürgerschaftlichen Engagements diesseits und jenseits der Staaten und Nationen wieder zu seinem Recht kommt.

- Sie erkennen in den zahlreichen digitalen Netzen – von denen das Internet eines der wichtigsten, aber nicht das einzige ist, und vorausgesetzt, dass sie kontrolliert werden – ein mächtiges Werkzeug zur Demokratisierung der Gesellschaft und zum Auffinden von Lösungen, zu deren Generierung weder der Markt noch der Staat in der Lage war. Indem sie diese Netze als Gemeineigentum behandeln, fördern sie sie durch eine Politik der Öffnung, des kostenlosen Zugangs, der Neutralität und des Teilens.
- Durch die Umsetzung einer Politik zum Schutz der überlieferten Gemeingüter, und einer Politik, die die Entstehung, die Konsolidierung und die Ausweitung neuer Gemeingüter der Menschheit fördert, erneuern sie das alte Erbe der öffentlichen Dienste.

Ökologische Überlegungen

Die Menschen können sich nicht länger als Herren und Besitzer der Natur betrachten, die das Recht haben, ihr unbegrenzt zu entnehmen, was sie enthält. Weit davon entfernt, ihr entgegenzustehen, sind sie vielmehr ein Teil von ihr, und sie müssen, zumindest metaphorisch, zu einer Beziehung von Gabe und Gegengabe mit ihr zurückfinden. Um in der Gegenwart eine ökologische Gerechtigkeit und den künftigen Generationen ein geschütztes natürliches Erbe zu ermöglichen, müssen sie deshalb der Natur ebenso viel oder mehr zurückgeben, als sie ihr entnehmen oder von ihr erhalten.

- Das Niveau des weltweiten universalisierbaren materiellen Wohlstands entspricht annähernd demjenigen der reichsten Länder um das Jahr 1970, vorausgesetzt, man erreicht es mit den heutigen Produktionstechniken. Da von den Ländern, die seit Jahrhunderten der Natur am meisten entnommen haben, und denen, die erst damit beginnen, nicht die gleiche ökologische Anstrengung verlangt werden kann, obliegt es den wohlhabendsten, dafür zu sorgen, dass ihre Naturentnahmen im Vergleich zu den aktualisierten Standards der 1970er Jahre regelmäßig sinken. Wenn sie ihre derzeitige Lebensqualität bewahren wollen, muss der technische Fortschritt vorrangig diesem Ziel gelten, um den Raubbau maßgeblich zu verringern.

- Absolute Priorität hat die Senkung des CO_2-Ausstoßes und die Nutzung der erneuerbaren Energien anstelle der Kernkraft und der fossilen Energien.
- Angaben zum Wachstum des Bruttoinlandprodukts können folglich nicht mehr gemacht werden, ohne wenigstens mit einem Index zur Senkung des CO_2-Ausstoßes sowie zum Verbrauch fossiler Energien, Fisch- und Mineralbestände versehen zu sein. Ganz allgemein müssen wir im Rahmen einer notwendigen Überarbeitung der geltenden Bilanzierungsrichtlinien zu einem bio-öko-sensiblen Rechnungswesen gelangen.
- Die Beziehung von Gabe und Gegengabe sowie der wechselseitigen Abhängigkeit muss insbesondere gegenüber den Tieren gelten, die nicht länger als Industriematerial betrachtet werden dürfen; und allgemeiner gegenüber der Erde.

Ökonomische Überlegungen

Es gibt keine erwiesene Korrelation zwischen monetärem oder materiellem Reichtum einerseits und Glück oder Wohlergehen andererseits. Der ökologische Zustand des Planeten macht es erforderlich, alle nur möglichen Formen eines Wohlstands ohne Wachstum zu erforschen. Im Sinne einer pluralen Ökonomie ist es daher notwendig, zu einem Gleichgewicht zwischen Markt, öffentlichem Sektor und nicht-marktlicher bzw. geldloser Wirtschaft (Wirtschaft des sogenannten Dritten Sektors, soziale und solidarische Wirtschaft, Commons, Gemeingüterwirtschaft bzw. »moralische Ökonomie«, die in den Familien und Vereinigungen eine wesentliche Rolle spielt) zu gelangen, je nachdem, ob die zu produzierenden Güter oder Dienstleistungen individuell, kollektiv, gemeinwirtschaftlich oder privat sind.

- Der Markt und das Streben nach monetärer Rentabilität sind völlig legitim, solange sie – vor allem über die (sozialen und) gewerkschaftlichen Rechte – die Postulate der gemeinsamen Menschheit und der gemeinsamen Sozialität beachten und mit den genannten ökologischen Überlegungen in Einklang stehen.
- Vorrangig ist der Kampf gegen die spekulativen Auswüchse der Finanzwirtschaft, die Hauptursache der aktuellen kapitalistischen Maßlosigkeit. Daraus folgt, dass die Abkoppelung der Realwirtschaft von der Finanzwirtschaft verhindert werden muss, indem man die Banktätigkeit sowie die Finanz- und Rohstoffmärkte streng reguliert, die Größe der Banken begrenzt und den Steuerparadiesen ein Ende setzt.

Damit wird die wirkliche Entwicklung aller menschlichen Reichtümer ermöglicht, die sich keineswegs auf den wirtschaftlichen, materiellen oder monetären Reichtum beschränken. Der wirkliche Reichtum beinhaltet den Sinn für erfüllte Pflicht, Solidarität oder das Spiel; alle Formen der Kreativität auf künstlerischem, technischem, wissenschaftlichem, literarischem, theoretischem oder sportlichem Gebiet usw. Kurzum, er geht mit der einen oder anderen Form von Unentgeltlichkeit oder Kreativität sowie mit der Beziehung zu den anderen einher.

V. Vertiefung oder Selbstzerstörung der Demokratie?

Das zentrale Paradox unserer Zeit ist zweifelsohne folgendes: Unsere Epoche kann sowohl als diejenige betrachtet werden, in der das demokratische Prinzip seinen vollständigen Siegeszug antritt, wie auch als diejenige seiner möglichen Selbstzerstörung.

Die moderne Demokratie beruht auf dem Postulat der prinzipiellen Gleichheit aller mit allen, ihrer gemeinsamen Menschlichkeit. Diese Gleichheit und diese gemeinsame Menschlichkeit werden heute mit einer Macht bekräftigt und eingefordert, wie es sie nie zuvor gegeben hat und wie sie noch vor Kurzem nahezu unvorstellbar gewesen wäre. Die Vorherrschaft des westlichen Denkens und der von ihm formulierten Art von Universalismus wird in Frage gestellt im Namen der Gleichheit zwischen den Kulturen und, konkreter gesagt, zwischen ehemaligen Kolonisierten und ehemaligen Kolonisatoren oder zwischen den »Rassen«. Eine ebenso mächtige, wenn nicht mächtigere, ja unwiderstehliche Strömung macht die Gleichheit nicht nur zwischen Männern und Frauen, sondern zwischen den sexuellen Orientierungen und Geschlechtern geltend. Und dieser Gleichheitsanspruch erweitert sich derzeit auf die Tierwelt, im Namen des Antispeziesismus und der gemeinsamen Natürlichkeit.

Umgekehrt sind die politischen Systeme, die sich auf die moderne, repräsentative Demokratie berufen, seit ihrer Entstehung vor einem oder zwei Jahrhunderten noch nie so diskreditiert gewesen, als seien sie, weil sie ihr Versprechen auf allgemeine Emanzipation nicht gehalten haben oder nicht halten konnten, dazu verurteilt, autoritären Regimen zu weichen, die die Demokratieforderungen, die sie an die Macht gebracht haben, sehr schnell mit Füßen treten. Was bewirkt, dass je mehr man sich auf die Demokratie beruft, sie sich umso weiter zu entfernen scheint.

Warum die Demokratie wertschätzen und welche?

Heute stellt sich akut das vorrangige Problem, ob es sich immer noch lohnt, die aktuellen Kämpfe im Namen eines Demokratieideals zu führen. Muss eine konvivialistische Gesellschaft zwangsläufig eine demoatische Gesellschaft sein? War 2013, bei Erscheinen des ersten konvivialistischen Manifests, die positive Antwort noch eine Sache der Selbstverständlichkeit, so kommt man heute nicht mehr um die Feststellung herum, dass das demokratische Regierungsmodell überall in der Krise ist. Nicht nur, dass die Demokratie sich weltweit in stetigem Rückgang befindet und mehr und mehr Boden verliert an diktatorische Regime oder besten- (bzw. am wenigsten schlimmsten-)falls an sogenannte »illiberale« Demokratien oder »Demokraturen«, sie spricht auch, was noch alarmierender ist, die Jugend in den westlichen Ländern immer weniger an. Das Wort klingt mittlerweile hohl. Demokratie ist kein Hoffnungsträger mehr. Man »glaubt« nicht mehr an sie.

Dennoch entzünden sich, wie unschwer zu erkennen ist, alle Revolten und Volksaufstände im Namen demokratischer Werte. Immer und überall begehrt man gegen die Beschlagnahmung der Macht durch eine Kaste oder Familie auf, gegen die Korruption, gegen unverschämten Reichtum und himmelschreiende Ungleichheiten, gegen willkürliche Verhaftungen, Polizeigewalt und Folter. Und man fordert Presse- und Meinungsfreiheit, Parteienpluralismus und wirklich freie und transparente Wahlen. Demokratie erscheint somit als das einzige Mittel, um eine gemeinsame Menschheit und eine gemeinsame Sozialität zu garantieren und die legitime Individuation aller im Rahmen beherrschter Konflikte zu ermöglichen. Kurzum, dort wo keine Demokratie existiert, sehnt man sich nur nach ihr. Dort, wo sie vorhanden zu sein scheint, wo Wahlen nicht gefälscht sind, wo es einen wirklichen Parteien- und Pressepluralismus gibt, bekennt man sich immer weniger zu ihr. Die Gründe für diese Demokratieverdrossenheit sind zahlreich.

- Auf internationaler Ebene macht die Tatsache, dass demokratische Werte von den reichen westlichen Staaten vertreten wurden und noch werden, die die ganze Erde kolonisiert und beherrscht haben, sie natürlich suspekt. Sie scheinen untrennbar mit einem Hegemoniestreben verbunden zu sein. Hinter den wohlklingenden Erklärungen mutmaßt man unlautere Interessen. Der Anspruch, Demokratie durch militärische Interventionen durchzusetzen, hat nicht wenig zu ihrer Diskreditierung beigetragen.
- Selbst innerhalb der westlichen Staaten hat die Unterordnung des demokratischen Prozesses unter die Logik des Neoliberalismus, also des spekulativen Finanzkapitalismus, ein Sinnvakuum erzeugt. Wozu wählen gehen, wenn *there is no alternative*, wenn die zunehmende Professionalisierung der Politiker und Politikerinnen sie ihren Wählern immer mehr entfremdet und die Funktionsweise der Demokratie letztlich nur den reichsten 10 % zugutekommt und die schwindelerregende Bereicherung des 1 %, des 0,1 % oder gar des 0,001 % befördert?
- Zudem reißt die neoliberale Globalisierung politische Gesellschaften und Gemeinschaften in Stücke. Die bekannteste Definition der Demokratie stammt von Abraham Lincoln: »die Regierung des Volkes, vom Volk und für das Volk«. Aber was ist ein Volk? Die Gesamtheit derer, die die gleiche Herkunft, die gleiche Sprache, die gleiche Tradition und Reli-

gion haben? Derer, die zur gleichen politischen Gemeinschaft gehören? Derer da unten, im Gegensatz zu denen da oben? Sicher ist, dass politische Gesellschaften und Gemeinschaften, selbst die traditionsreichsten, inzwischen überall dazu tendieren, in vier Bevölkerungsgruppen zu zerbrechen, die sich gegenseitig ignorieren: die *Globalisierten*, diejenigen, die von der Globalisierung auf die eine oder andere Weise profitieren (Inländer oder Ausländer); die *Integrierten*, deren Lage und Einkommen weitgehend gesichert sind; die *Prekären*, deren Lage und Einkommen ungesichert sind; die *Ausgeschlossenen* (oft Einwanderer oder Angehörige minoritärer und geringgeschätzter Kulturen oder Religionen), die es nicht nur schwer haben, einen Arbeitsplatz zu finden, sondern die obendrein Opfer einer spezifischen Stigmatisierung sind. Auf dieser Grundlage ist es unmöglich, das Prinzip der gemeinsamen Sozialität einzuhalten.

- Der zunehmende Abstand zwischen diesen vier Bevölkerungsgruppen erklärt sich aus der Dynamik des Weltmarktes, die die überlieferten raumzeitlichen Bezugspunkte radikal entstellt. Um lediglich an Ort und Stelle zu bleiben, seine gesellschaftliche Stellung und sein Einkommen zu wahren, muss man stets alles schneller machen. Um nicht zurückzufallen, muss man unaufhörlich beschleunigen. Dementsprechend kann angesichts der vorhandenen Verkehrsmittel und der Verbreitung des Internets das Fernste das Nächstliegende sein, sodass der bloße Gedanke eines Zuhauses oder einer Zusammengehörigkeit jeden Tag mehr an Konsistenz verliert.
- Diese Fragmentierung des sozialen Raumes, kombiniert mit den Gesetzen des Marktes, der Beschleunigung und der Deterritorialisierung zerstört das Gefühl gemeinsamer Sozialität. Wenn noch religiöse oder kulturelle Antagonismen hinzukommen, wird die Situation explosiv.

- Zu all diesen Faktoren ist noch die grundlegende Schwäche der Demokratie hinzuzurechnen, nämlich ihre relative Unbestimmtheit, und das, was man als Tendenz zur demokratischen Hybris bezeichnen könnte.
- Die Demokratie ist ein empfindliches System, das ebenso schwer herzustellen ist wie es schnell wieder verloren geht. Schwer herzustellen: Die vielen Aufstände oder Revolten, die in Militärregierungen oder Diktaturen von noch größerer Brutalität als die gestürzten mündeten, bestätigen das. Sie zeigen, dass die Demokratie sich nur sehr schwer selbst erzeugen lässt. Und ebenso zahlreich sind die Wahlen, die Diktatoren auf »demokratische Weise« an die Macht beförderten, die kein anderes Ziel hatten, als die Demokratie zu beenden. Der berühmteste Fall ist nach wie vor die Machtergreifung Hitlers. Dass Wahlen existieren, selbst anfänglich freie Wahlen, ist keine Garantie für die Stabilität und Beständigkeit der Demokratie, wenn die in einer Gesellschaft zu einem bestimmten Zeitpunkt herrschenden Werte nicht selbst demokratische sind.
- Die Regime, die man heute als demokratisch bezeichnet, beruhen auf zwei Prinzipien, deren Vereinigung stets unsicher ist. Das erste Prinzip, das liberale Prinzip im umfassenden und ursprünglichen Sinne, ist das des Pluralismus und der freien Diskussion. Es setzt voraus, dass die Verlierer ihre Niederlage anerkennen, und dass die Sieger akzeptieren, dass ihre Macht wieder in Frage gestellt werden kann. Und dass sich in einem grundlegenderen Sinne alle, da niemand absolut sicher sein kann, Recht zu haben, der Diskussion aussetzen. Das zweite Prinzip legt fest, dass die Macht nur vom Volke ausgehen kann. Doch dieses Volk ist selbst weitgehend unauffindbar. Es existiert nur als repräsentiertes, was seinen »Repräsentanten« freie Hand gibt, an seine Stelle zu treten.

- Schließlich beinhaltet die demokratische Dynamik selbst, das allgemeine Streben nach einer Gleichheit der Bedingungen, die Gefahr der Hybris, sofern sie nicht durch ein Bemühen um das Gemeinwohl gemildert wird. Jeder will, aus Angst, beherrscht zu werden, seine eigene Überlegenheit beweisen. Jede Gruppe, ja jedes Individuum, erhebt spezielle Forderungen im Namen der Demokratie und versucht, neue Rechte für sich zu erwerben, ohne der Pflicht nachzukommen, die Demokratie als solche zu verteidigen. Der Teil, ja der Splitter, nimmt sich für das Ganze. So sieht man, wie sich Demokratien ohne Demokraten herausbilden, und das umso mehr, als jede einzelne Gruppe, die in der Sphäre ihrer eigenen Interessen und Forderungen befangen ist, nur noch die Informationen oder Gedanken wahrnehmen will, die in ihre Richtung gehen. Es gibt dann keine öffentliche Meinung und keinen öffentlichen Raum im eigentlichen Sinne mehr, sondern eine Unzahl besonderer öffentlicher Räume, die nicht mehr miteinander kommunizieren. Die sich bestenfalls ignorieren.

Auf dem Weg zu einer konvivialistischen Demokratie

Wie man sieht, gibt es viele Gründe, nicht mehr an die Demokratie zu glauben. Vielleicht bräuchten wir ein anderes Wort, um das richtige politische System, das wir einführen wollen, zu bezeichnen. Doch da sich derzeit keines anbietet, kommen wir wohl nicht umhin, mit Churchill zu sagen, dass die Demokratie, auch heute noch, die schlechteste aller Regierungsformen ist, mit Ausnahme aller anderen. Die Wette des Konvivialismus lautet, dass nur eine konvivialistische Demokratie vollkommen demokratisch sein kann. Das Prinzip der legitimen Individuation bietet allen die Möglichkeit, in ihren Besonderheiten anerkannt zu werden, sofern sie sich an die Regeln des beherrschten Konflikts halten. Indem sie Elend ebenso wie extremen Reichtum für ungesetzlich erklären, verhindern die Prinzipien der gemeinsamen Menschheit und der gemeinsamen Sozialität oligarchische und plutokratische Auswüchse.

Das gute Funktionieren einer konvivialistischen Demokratie erfordert zumindest die Beachtung der folgenden fünf Punkte:

- Die wirksame Umsetzung des Subsidiaritätsprinzips: Nur wenn etwas auf unterster lokaler Ebene nicht erledigt oder entschieden werden kann, darf dies auf höheren Ebenen geschehen.
- Eine systematische Verbindung zwischen repräsentativer Demokratie, partizipativer und direkter Demokratie und (deliberativer oder) Meinungsdemokratie. Die partizipative Demokratie (die Konsultation der Bürger/innen in jeder wichtigen Angelegenheit) kann nur wirksam sein, wenn sie so direkt wie möglich erfolgt, mit anderen Worten, wenn sie weitgehend auf einem Losverfahren beruht. Doch der Rat der ausgelosten Bürger/innen hat nur dann einen Sinn, wenn er gemäß dem Modell der Konsensuskonferenzen nach der Anhörung von Experten unterschiedlicher oder gegensätzlicher Meinung erfolgt. Und wenn er tatsächlich berücksichtigt wird. Es ist folglich notwendig, dass wenn die gewählten Exekutivorgane die von den ausgelosten Instanzen formulierten Ansichten nicht in Betracht ziehen, Letztere die Macht haben, ihren Vorschlag den betroffenen Bürger/innen zur Abstimmung zu unterbreiten.
- Die Sachverhaltsermittlung. Es gibt viele und notwendige philosophische Debatten über die eigentliche Idee von Wahrheit, Wirklichkeit oder Objektivität. Doch gelangt keine zu dem Schluss, dass irgendjemand berechtigt sei zu

sagen, dass es Nacht ist, wenn es Tag ist, oder nur das für wahr zu halten und auszugeben, was im Sinne seines unmittelbaren Interesses ist. Das Auseinanderbrechen der Gesellschaften in Bevölkerungsgruppen, die sich gegenseitig ignorieren (oder sogar hassen), verstärkt durch die Vermehrung oft manipulierter Informationskanäle, mündet in eine Zunahme von Falschmeldungen, die die demokratische Debatte immer problematischer macht. Es kann viele Interpretationen derselben Wahrheiten geben, doch dazu ist es erforderlich, dass Letztere so objektiv wie möglich und ohne alle Voreingenommenheit ermittelt werden. Es ist folglich lebenswichtig, dass es viele öffentliche Einrichtungen gibt, in denen sich Forscher/innen, die über jeden Verdacht erhaben sind, der Ermittlung der notwendigen empirischen Daten (über die Wirksamkeit von Medikamenten, die Schädlichkeit bestimmter Produkte, über die Ungleichheiten, über den Zustand der Böden und Flüsse, über das Klima usw.) widmen. Und auch, dass öffentliche Medien existieren, die sich der Verbreitung dieser Fakten annehmen. Sie werden sicherlich nicht die unterhaltsamsten sein (obwohl, warum eigentlich nicht?), auch nicht die meistbesuchten, aber ihre Existenz ist unerlässlich.

- Hypothetisch wird in einer Demokratie die Grundlage der Macht als immanent betrachtet. Sie beruht auf einem Gesellschaftsvertrag und einer Beziehung gegenseitigen Vertrauens, selbst wenn dieser Vertrag in manchen Ländern (Kanada zum Beispiel) »vor Gott« geschlossen wird. In welchem Rechtsverhältnis Religion und Staat auch stehen, so unterliegt Letzterer doch weder kirchlichen Autoritäten noch religiösen Normen. Die Staatsangehörigkeit ist unabhängig von der Religion, und alle Bürger/innen sind formal gleichgestellt, egal, welche Religion oder Überzeugung sie haben. Der Staat garantiert die Glaubensfreiheit und das Recht auf freie Religionsausübung.

- Schließlich kann eine Demokratie nur zwischen denen lebendig und produktiv sein, bei denen der Wunsch, vor Ort und zusammen zu sein, stärker ist als der, woanders und mit anderen zu sein. Zwischen denen, die Lust darauf haben, anderen etwas zu geben und sich ihnen zu geben und etwas von ihnen zu bekommen. Das ist der Kern des Prinzips gemeinsamer Sozialität. Die Grenzen dieses Zusammenseins sind weitgehend durch die Geschichte und die Vergangenheit diktiert, die man bereit ist, gemeinsam anzunehmen, um eine gemeinsame Zukunft aufzubauen. Die modernen Demokratien entfalteten sich im imaginären Rahmen der Nation. Sie ist immer noch lebendig, auch wenn sie ganz offenkundig nicht mehr auf ihrer ursprünglichen und grundlegenden Fiktion beruhen kann, nämlich der Idee, dass die Angehörigen der Nation tatsächlich oder symbolisch dieselbe ethnische Herkunft, dieselbe Geburt (*natio*), dieselbe Sprache, dieselbe Religion oder notfalls zumindest dieselben Werte und Überzeugungen haben oder haben sollten. Allen heutigen Ländern stellt sich das Problem, wie auf multiethnischen und multikulturellen Grundlagen das Streben nach Solidarität aufrechtzuerhalten ist, das sich früher im Rahmen einer vermeintlich monoethnischen und monokulturellen Nation vollzog. Damit stellt sich die Frage nach der Vereinbarkeit zwischen letzten Werten und verschiedenen Formen des Glaubens (oder Unglaubens). Die Frage des Pluriversalismus.

Pluriversalismus und Koexistenz der Kulturen

Der Konvivialismus hat nur dann eine Chance, bei der Abwendung der Katastrophen, die alle Völker der Erde bedrohen, behilflich zu sein, wenn er für sie alle einen Sinn ergibt. Wenn er imstande ist, eine universelle Tragweite anzunehmen. Muss der Konvivialismus demnach als ein Universalismus angesehen werden? Das wäre sicherlich gefährlich. Denn im Namen vermeintlich universeller Werte, im Namen des Universalismus, im Namen auch von Wissenschaft und Vernunft kolonisierte oder beherrschte der Westen den ganzen Planeten. Sich auf den Universalismus zu berufen, heißt also, Gefahr zu laufen, unmittelbar mit der einen oder anderen Form von Imperialismus assoziiert zu werden. Umgekehrt jedoch auf der unüberwindbaren Einzigartigkeit und Unvergleichlichkeit der Kulturen zu beharren, läuft darauf hinaus, jedes ethische und politische (*largo sensu*) Projekt globaler Dimension unweigerlich zum Scheitern zu verurteilen. Also eben das, was wir unbedingt benötigen.

- Es ist folglich essenziell, der falschen Alternative zwischen Universalismus und Kommunitarismus zu entgehen. Jeder abstrakte Universalismus ist falsch, weil er die Singularitäten und Partikularitäten per se verfehlt und zerstört. Umgekehrt weigern sich die partikularistischen Kommunitarismen, das der gesamten Menschheit gemeinsame Gedankensubstrat ins Auge zu fassen, auf dem ihre Partikularität überhaupt erst Sinn ergibt.
- Die Unvergleichlichkeit der Kulturen oder Religionen – die oft deren Nährboden sind – zu behaupten, heißt nicht wahrzunehmen, dass sie keineswegs eine eindeutige und ein für alle Mal festgelegte Identität haben oder homogen und kompakt sind, als handele es sich um geschlossene Substanzen, und dass sie von Natur aus plural sind. Jede trägt zahlreiche Möglichkeiten in sich. Heute stellt sich die Frage, welche dieser Möglichkeiten jede aktualisieren und bevorzugen soll, um zum moralischen und physischen Überleben der Menschheit beizutragen.

- Es gibt viele Werte, die allen Kulturen gemeinsam sind, wenn sie sich entscheiden, vom Standpunkt der ganzen Menschheit aus zu denken, oder wenigstens vom Standpunkt einer Menschheit, die so umfassend wie möglich ist, und nicht von dem der beschränktesten Menschheit. Doch diese Werte formuliert jede in ihrer eigenen Sprache, sodass das ethische und politische (*largo sensu*) Universelle, das der Konvivialismus in so allgemeine (und folglich zugängliche) Begriffe wie möglich zu fassen versucht, sich stets in partikularen und pluralen Formen präsentiert. Der wirkliche Universalismus ist folglich kein Universalismus, sondern ein Pluriversalismus.
- Die Tatsache, dass sich diese Werte niemals in den Worten einer einzigen Sprache, den Begriffen einer einzigen Kultur ausdrücken lassen, ist eine Bereicherung. Jede lässt die anderen sehen, was diese nicht oder nur schlecht erkennen.
- Jede Kultur, die sich dafür entschieden hat, vom Standpunkt umfassendster Menschlichkeit zu denken, hat bereits auf ihre Weise die Prinzipien des Konvivialismus formuliert, selbst wenn in teilweise verkürzter Form. Alle billigen in unterschiedlichen Graden das Prinzip der gemeinsamen Menschheit (wenn auch nicht immer ohne Vorbehalt), alle schätzen die gemeinsame Sozialität (selbst wenn sie oft gleichzeitig für Hierarchien eintreten). Jede räumt der Individuation einen gewissen Platz ein und alle bemühen sich, Konflikte zu beherrschen, selbst wenn sie sich oft schwertun, deren potenzielle Fruchtbarkeit anzuerkennen.
- Formulieren wir es noch anders. Religiöse und kulturelle Traditionen sind oft eng verschränkt. Die Rolle der Religionen ist von Natur aus ambivalent. Sie besteht zugleich darin, Gemeinschaften eine Identität zu geben und die Gewalt in Schach zu halten. Die Religionen setzen der Gewalt zwischen Menschen Grenzen und zielen im Prinzip sogar

darauf ab, sie auszulöschen, doch ist diese Gewalt ihnen auch immanent. Wenn die Religionen ihrer Identitätsfunktion den Vorzug geben und diese mit der Identitätsfunktion einer anderen Religion konfrontiert ist, setzen sie die in ihnen enthaltene Gewalt frei und steigern sie manchmal bis ins Extrem.

- Allerdings – und das ist eine Auswirkung der demokratischen Dynamik – sind sich die höchsten Religionsvertreter von heute, des Christentums, des Islam, des Buddhismus usw., darin einig, dass Gott [oder Allah…] »alle Menschen mit gleichen Rechten, gleichen Pflichten und gleicher Würde geschaffen und sie dazu berufen hat, als Brüder und Schwestern miteinander zusammenzuleben, die Erde zu bevölkern und auf ihr die Werte des Guten, der Liebe und des Friedens zu verbreiten.«
- Dass Gott ferner »zu töten verboten hat, wenn er sagt, dass jeder, der einen Menschen ermordet, so ist, als hätte er die ganze Menschheit getötet, und dass jeder, der einen Menschen rettet, so ist, als hätte er die ganze Menschheit gerettet.« Weiterhin erklären diese Religionsvertreter, »dass die Religionen niemals zum Krieg aufwiegeln und keine Gefühle des Hasses, der Feindseligkeit, des Extremismus wecken und auch nicht zur Gewalt oder zum Blutvergießen auffordern.«[1] Es dürfte schwerlich ein stärkeres Bekenntnis zur gemeinsamen Menschheit zu finden sein.

---

1 | Wir zitieren hier im Wortlaut das »Dokument über die Brüderlichkeit aller Menschen für ein friedliches Zusammenleben in der Welt«, das am 4. Februar 2019 von Papst Franziskus im Namen der Katholiken in Ost und West und vom Großimam Al-Azhar al-Sharif (Ägypten), Ahmad al-Tayyeb im Namen der Muslime in Ost und West unterzeichnet wurde. Es ist nicht zu bezweifeln, dass sich der Dalai-Lama oder die Autoritäten anderer Religionen dieser Erklärung anschließen können.

- Mehr denn je stellt sich heute das Problem, das Zusammenleben nicht zwischen Religionen oder Kulturen, die über verschiedene Räume herrschen, zu regeln, sondern zwischen denen, die sich einen Raum teilen. Das ist natürlich nur möglich, wenn die zur Koexistenz aufgerufenen Religionen oder Kulturen ihre eigene Unvollständigkeit anerkennen und sich darauf einigen, den Individuen die Freiheit zu lassen, ihre eigenen Überzeugungen zu wählen. Eben diese Freiheit proklamieren die genannten Religionsvertreter: »Die Freiheit ist ein Recht jedes Menschen: ein jeder genießt Bekenntnis-, Gedanken-, Meinungs- und Handlungsfreiheit. Der Pluralismus und die Verschiedenheit in Bezug auf Religion, Hautfarbe, Geschlecht, Ethnie und Sprache entsprechen einem weisen göttlichen Willen, mit dem Gott [oder Allah oder...] die Menschen erschaffen hat. [...] Deshalb wird der Umstand verurteilt, Menschen zu zwingen, eine bestimmte Religion oder eine gewisse Kultur anzunehmen wie auch einen kulturellen Lebensstil aufzuerlegen, den die anderen nicht akzeptieren.«[2] Eine schöne Akzeptanz demokratischer Prinzipien.
- Doch wäre es illusorisch zu glauben, dass innerhalb einer bestimmten politischen Gemeinschaft, die sich durch eine gewisse Vision der Zukunft, aber auch ein gewisses Verhältnis zu ihrer Vergangenheit definiert, alle religiösen oder kulturellen Traditionen exakt den gleichen Status haben könnten. Die älteren, sicherlich weiter verbreiteten und enger mit der Identität einer bestimmten politischen Gemeinschaft verbundenen Traditionen spielen gewissermaßen die Rolle des aufnehmenden Gastgebers, die anderen die des aufgenommenen Gastes. Die Pflicht der aufnehmenden Kultur besteht darin, so weit wie möglich ihre Rolle zu vergessen, um sie

2 | Ebd.

nicht auszunutzen, die der aufgenommenen Kulturen, es niemals zu vergessen.

- Eine politische Gemeinschaft ist konvivialistisch, wenn sie das Maximum an kultureller Vielfalt zulässt, das mit der Aufrechterhaltung ihrer Einheit vereinbar ist. Eine Einheit, die umso wertvoller ist, als sie die konfliktfreie Äußerung dieser kulturellen Vielfalt ermöglicht.

Die Mann-Frau-Beziehungen ins Gleichgewicht bringen

Jede Kultur definiert, wer wem was geben und was von wem, auf welche Weise, bei welchen Gelegenheiten usw. erhalten soll. Das ursprüngliche Gabensystem, das die Beziehungen zu Leben und Tod regelt, bestimmt, was die Männer den Frauen schulden und umgekehrt. Traditionellerweise gaben und widmeten sich die Frauen dem Leben, die Männer dem Tod. Nahezu überall und das mindestens seit einigen tausend Jahren übten die Männer eine soziale und politische Herrschaft über die Frauen aus, die mehr oder weniger, je nach Fall (manchmal ziemlich deutlich, oft sehr wenig) aufgewogen wurde durch die Herrschaft der Frauen über den heimischen Herd, über Geburten und Todesfälle. Zumeist wurden die von den Frauen bei diesen Gelegenheiten erbrachten Gaben nicht als Gaben anerkannt, sondern als bloße Naturgegebenheiten oder Resultat von Verpflichtungen angesehen. Wie dem auch sei, dieses patriarchale System ist den Frauen (und vielen Männern) aus den wohlhabendsten demokratischen Ländern, in denen es keine wirtschaftliche Notwendigkeit oder Bedeutung mehr besitzt, immer unerträglicher geworden. Das Ideal der Rechtsgleichheit zwischen Männern und Frauen in allen Bereichen ist dort inzwischen eine Selbstverständlichkeit.

- Weil die Frage, was die beiden Geschlechter einander schulden, im Zentrum der kulturellen Vielfalt steht, wird dieses Ideal strikter Gleichheit sich nicht überall mit der gleichen Leichtigkeit und Geschwindigkeit durchsetzen. In vielen Ländern mit patriarchaler Kulturtradition werden sich die Frauen selbst dafür entscheiden, einen Teil ihrer traditionellen Rolle beizubehalten, um den Kampf gegen den Imperialismus des Westens zu unterstützen, wenn dieser sich unter Berufung auf die Menschen- und Frauenrechte ausbreitet.
- Nur eine konvivialistisch und folglich pluriversal, nicht-imperialistisch gewordene Demokratie macht es möglich, diese Spannung zu überwinden.
- Doch die allgemeine Entwicklungsrichtung ist kein Geheimnis. Die bereits erwähnten Religionsvertreter erklären dazu: »Es ist eine unabdingbare Notwendigkeit, das Recht der Frau auf Bildung, auf Arbeit und auf Ausübung der eigenen politischen Rechte anzuerkennen. Ferner muss darauf hingearbeitet werden, die Frau von allen historischen und sozialen Zwängen zu befreien, die gegen die Grundsätze des eigenen Glaubens und der eigenen Würde stehen. [...] Daher muss man alle unmenschlichen Praktiken und volkstümlichen Bräuche, welche die Würde der Frau erniedrigen, einstellen und dafür arbeiten, dass die Gesetze geändert werden, welche die Frauen daran hindern, ihre Rechte voll zu genießen.«
- Ist diese Rechtsgleichheit (und die Mittel ihrer Ausübung) erst einmal vollständig erreicht, obliegt es jeder und jedem, frei zu entscheiden, was für sie oder ihn zum Bereich von Geschlecht oder Gender, von Natur oder Kultur gehört, und was dem anderen Geschlecht oder Gender zusteht.

Und die Tiere?

Eine weitere anthropologische Revolution, die wahrscheinlich beträchtliche Konsequenzen haben wird, ist derzeit im Gang. Immer mehr Männer und Frauen, die sich der gemeinsamen Natürlichkeit bewusst sind, weigern sich, das den Tieren zugefügte Leid hinzunehmen und prangern die Bedingungen an, unter denen diese gezüchtet bzw. geschlachtet werden. Sie sind in der Tat unerträglich. Müssen wir deshalb bestrebt sein, den Vegetarismus oder Veganismus zu verallgemeinern, ja obligatorisch zu machen? Das ist ein kurz- oder mittelfristig schwer zu erreichendes Ziel, so sehr wurde der Fleischverzehr stets mit dem Menschsein verknüpft. Hingegen erscheint es aus konvivialistischer Sicht unerlässlich, nur solche Tiere zu verzehren, die im Rahmen einer traditionellen Landwirtschaft aufgezogen wurden, in einer Gabe-Gegengabe-Beziehung zu den Viehzüchtern (die einen geben ihr Leben, die anderen ihre Fürsorge und oft auch ihre Zuneigung), in der sie ein freies Leben an der frischen Luft und unter hygienischen Bedingungen geführt haben und auf würdevolle Weise getötet wurden. Man muss also zunächst die gigantischen Industriefarmen beseitigen, die Tiere als reinen Rohstoff behandeln und Quelle einer riesigen Umweltverschmutzung sind. Und sich der Rückverfolgbarkeit unserer Nahrung versichern. Jedenfalls ist es unerlässlich, den Fleischverzehr der weiter wachsenden Menschheit erheblich zu verringern, angesichts der Methanemissionen, der notwendigen Menge an Wasser, der Zerstörung von Ökosystemen und der für die Viehzucht benötigten Landfläche.

VI. Welche post-neoliberale Welt?

Um von dem Weg abzukommen, der ins wahrscheinliche Chaos und in die mögliche Katastrophe führt, ist es unabdingbar, das Umschlagen der weltweiten öffentlichen Meinung zu ermöglichen. Die schwierigste zu erfüllende Aufgabe besteht darin, ein Bündel politischer, wirtschaftlicher und sozialer Maßnahmen vorzuschlagen, das es der größtmöglichen Zahl von Menschen, und vor allem den Ärmsten, ermöglicht zu ermessen, was sie bei einer neuen konvivialistischen Ausgangssituation (einem New Deal) nicht nur mittel- oder langfristig, sondern sofort zu gewinnen haben. Schon morgen. Auf diese Frage kann es keine absolut allgemeine Antwort geben. Zu viele Dinge hängen von dem spezifischen historischen, geografischen, kulturellen und politischen Kontext eines jeden Landes ab, ob auf regionaler, überregionaler oder übernationaler Ebene. Doch jede konkrete und praktische konvivialistische Politik muss notwendig Folgendes berücksichtigen:

- Das Gebot der Gerechtigkeit und des Kampfes gegen die Hybris, was bedeutet, die schwindelerregenden Ungleichheiten zu beseitigen, die zwischen den Reichsten und dem Rest der Bevölkerung seit den 1970er Jahren explosionsartig zugenommen haben, und zwar durch die gleichzeitige – je nach den lokalen Umständen mehr oder weniger schnelle – Einführung eines Mindesteinkommens einerseits und eines Höchsteinkommens bzw. -vermögens andererseits.
- Das Bestreben, die Territorien und Lokalitäten mit Leben zu füllen, folglich all das zu reterritorialisieren und zu relokalisieren, was die Globalisierung zu stark ausgegliedert hat. Gewiss kann es Konvivialismus nur in der Öffnung zu anderen geben (gemäß dem Prinzip der gemeinsamen Mensch-

heit), aber es bedarf auch einer hinreichend stabilen inneren Zusammengehörigkeit, damit er Quelle von Vertrauen und Wärme sein kann (gemäß dem Prinzip der gemeinsamen Sozialität).

- Die unbedingte Notwendigkeit, die Umwelt und die natürlichen Ressourcen zu schützen (gemäß dem Prinzip der gemeinsamen Natürlichkeit). Die Antwort darauf darf nicht als zusätzliche Last gesehen werden, sondern im Gegenteil als großartige Gelegenheit, neue Lebensweisen zu erfinden, neue Quellen der Kreativität zu entdecken und den Territorien eine neue Dynamik zu verleihen.
- Die zwingende Pflicht, die Arbeitslosigkeit zu beseitigen und jedem Einzelnen (gemäß dem Prinzip der legitimen Individuation) eine anerkannte Funktion und Rolle in gesellschaftsdienlichen Tätigkeiten zu bieten. Die Entwicklung einer Politik der Reterritorialisierung und des Kampfs gegen die Zerstörung der Umwelt wird stark dazu beitragen. Doch diese Politik einer Umverteilung der Arbeitsplätze wird sich nur dann ausweiten und all ihre Wirkungen entfalten können, wenn sie mit Maßnahmen zur Verringerung der Arbeitszeit und mit einer starken Förderung der zivilgesellschaftlich oder genossenschaftlich organisierten Wirtschaft einhergeht. Der Entwicklung dessen, was man heute die *Commons* nennt.
- Die Dringlichkeit (gemäß dem Prinzip des schöpferischen Konflikts), eine radikale Trennung zwischen solchen Anwendungen der künstlichen Intelligenz vorzunehmen, die zur Steigerung der Handlungsmacht aller beitragen, und solchen, die nur dazu dienen, das Allmachtverlangen und die Hybris einiger Weniger zu fördern.

Solche Ziele sind absolut erreichbar. Sie setzen den folgenden Maßnahmenkatalog voraus.

Allgemeine Maßnahmen. Hin zu mehr Gerechtigkeit

Eine konvivialistische Gesellschaft bekämpft übermäßige Ungleichheiten. Sie trägt zur Beseitigung von Steuerparadiesen bei, indem sie die Gründung von Briefkastenfirmen für illegal erklärt und streng bestraft. Sie setzt eine Obergrenze für Einkommen, die jemand für seine Arbeit im Vergleich zu den anderen Angestellten derselben Firma beziehen darf. Niemand kann legitimerweise beanspruchen, hundert Mal mehr (in Geld oder Aktien) zu verdienen, als der Geringstverdiener seines Unternehmens.

Zunächst einmal müsste ein Projekt konvivialistischer Politik mindestens, mutadis mutandis, und modellhaft, die drei Arten von Maßnahmen kombinieren, die 2019 von den wichtigsten Präsidentschaftsbewerbern der Demokratischen Partei in den Vereinigten Staaten empfohlen wurden:

- Die Kapitalsteuer (aktuell bei 23,8 %) an die Lohnsteuer (37 %) angleichen und Einkommen von mehr als zehn Millionen Dollar mit 70 % zu besteuern (zur Erinnerung: 1944 lag der Grenzsteuersatz bei 94 % und noch 1965 bei 70 %); Vermögen von mehr als 50 Millionen Dollar mit 2 % zu besteuern (und von mehr als einer Milliarde mit 3 %); Erbschaften von mehr als 3,5 Millionen bis 10 Millionen Dollar mit 44 % und mit 77 % ab einer Milliarde zu besteuern. Die gleichzeitige Anwendung dieser drei auf Einkommen, Vermögen und Erbschaft bezogenen Maßnahmen (die jeweils 16.000, 75.000 und 8.000 Haushalte beträfen), würde annähernd

4.000 Milliarden Dollar innerhalb von zehn Jahren einbringen.[1] Auf die Größenordnung eines Landes wie Frankreich übertragen, würde das unter ansonsten gleichen Bedingungen ein Zehntel dieser Summe, also 40 Milliarden Dollar pro Jahr darstellen.

- Am anderen Ende des Spektrums muss Armut für unzulässig erklärt werden. Die konvivialistische Gesellschaft führt ein universelles, einfaches und durchsichtiges Steuersystem ein, um automatisch jeden Monat eine Mindestkaufkraft von den wohlintegrierten auf die schwächsten Haushalte zu übertragen. Dieser Steuermechanismus – gemeinhin als universelles Grundeinkommen bezeichnet – muss so eingerichtet sein, dass er niemals ein Hindernis für die Teilnahme aller am wirtschaftlichen Leben, einschließlich einer bezahlten Arbeit, darstellt. Denn der konvivialistische Blick auf die Ärmsten ist einer der bedingungslosen Solidarität, verbunden mit einem offenen Ohr, um ihnen zuzuhören, und einer ausgestreckten Hand, um ihre spezifischen Beiträge in Empfang zu nehmen.
- Eine konvivialistische Gesellschaft kann nicht zulassen, dass ein beträchtlicher Teil der Bevölkerung von jeder Beschäftigung ausgeschlossen ist, während der andere Teil einer ständigen Angst und Stress erzeugenden Mehrarbeit unterliegt. Das Recht auf Arbeit bei selbstgewählter Arbeitszeit, das jedem ermöglicht, über seine eigene Lebenszeit zu verfügen,

1 | Jedes Vorhaben zur Erhöhung der Einkommensteuer steht vor dem Problem, dass es mit einer wirksamen Kontrolle der Steuerflucht und der Abschaffung von Steuerparadiesen verbunden sein muss, weil es sonst vor allem den Letzteren zugutekommt und mit ihnen dem organisierten Verbrechen. Für Staaten, die sich als unfähig erweisen, Steuerflucht zu unterbinden, wäre es wahrscheinlich die beste Politik, die Einkommensteuer durch eine Vermögenssteuer (Besteuerung des Reinvermögens) zu ersetzen.

um sein persönliches Werk zu vollbringen, beinhaltet ein neues Verhältnis zur Zeit.

- Um den spekulativen Finanzkapitalismus zu bekämpfen, führt eine konvivialistische Gesellschaft eine obligatorische Mindesthaltedauer für Aktien ein, sodass die Kursgewinne umso höher besteuert werden, je schneller der Weiterverkauf erfolgt. Im Extremverfall veranlasst der Weiterverkauf innerhalb von 24 Stunden oder weniger eine systematische, 100 %ige Besteuerung des eventuell erzielten Veräußerungsgewinns. Das entmutigt vollständig die Hin- und Herverkäufe ohne Investitionslogik bei den Unternehmensprojekten, die sich über den Aktienmarkt finanzieren.
- Eines der besten Mittel, um vor allem die Steuerflucht der multinationalen Konzerne zu bekämpfen, besteht darin, die Steuer auf ihren konsolidierten Gewinn im Verhältnis zu ihrem Umsatz in jedem Land zu erheben.
- Seit vierzig Jahren sind viele – eigentlich fast alle – Länder dem »Gesetz der Märkte« unterworfen, das sie in einen gefährlichen Teufelskreis gestürzt hat. Da ihre Staaten mehr ausgaben, als ihre Steuereinnahmen zuließen, mussten sie Kredite aufnehmen und sich drastischen Normen zur Senkung von Löhnen, Renten, Sozial- und Gesundheitsstandards beugen, was einen Rückgang der Steuereinnahmen und eine zunehmende Unfähigkeit zur Schuldentilgung nach sich zog. Um ihre Schulden zu begleichen, mussten sie sich immer weiter verschulden und immer mehr Zinsen zahlen, was das Problem nur verschlimmerte und die Reichen immer reicher machte. Angesichts dieser explosiven Situation ist es höchste Zeit, eine Schuldenstreichung in Betracht zu ziehen, beispielsweise nach dem Modell des Jubel- bzw.

Erlassjahres im antiken Judentum[2]. Oder zumindest eine globale »Umschichtung« der Schulden zu organisieren, die es jedem Staat ermöglicht, die legitimen Schulden (solche, die nicht durch ein unfaires Kräfteverhältnis aufgezwungen wurden) im Verhältnis zum Wachstum seines BIP zurückzuzahlen.

Eine ökologisch verantwortliche Gesellschaft

Angesichts der Herausforderungen und Gefahren im Klima- und Energiebereich ist bis 2040 bis 2050 eine »dreifache Null«[3] als Ziel anzuvisieren:

- Nullausstoß an Treibhausgasen (»Klimaneutralität«);
- Nullverbrauch an fossilen Energien (was einen Kohle-, Öl- und Erdgasausstieg voraussetzt);
- Nullanfall von hochgiftigem und riskantem Müll.[4]

---

2 | Alle sieben Mal sieben Jahre, d.h. nach fünfzig Jahren, musste veräußertes oder verpfändetes Land zurückgegeben, Schulden erlassen und Sklaven befreit werden.

3 | Ein solches Ziel mag sehr ambitioniert, ja utopisch erscheinen. Es stützt sich gleichwohl auf die präzisen und detaillierten Berechnungen der Vereinigung négaWatt, des in Frankreich, zumindest auf der Linken, anerkanntesten Expertengremiums.

4 | Die Mehrheit der Unterzeichner/innen dieses Manifestes befürwortet einen schnellen Ausstieg aus der Atomkraft, doch eine bedeutende Minderheit ist der Meinung, dass angesichts der Priorität, die dem Kampf gegen den Klimawandel einzuräumen ist und der technischen Komplexität des Energieproblems, die Debatte offen bleiben muss. Das Gleiche gilt für die Möglichkeiten, die sich aus dem Einsatz von Wasserstoff ergeben.

Aus diesem Grund ist es notwendig, die dem Erdreich entnommenen Energien und Stoffe durch solche, die von der Sonne stammen, zu ersetzen. Die Sonnenenergie in all ihren Formen, den direkten (Photovoltaik, Wärmeenergie) wie den indirekten (Wind- und Wasserkraft, Biomasse), muss die fossilen (Kohle, Öl, Erdgas) und die radioaktiven (Uran) Extraktionsenergien ersetzen. Und die von der pflanzlichen Photosynthese geschaffene »Sonnenmaterie« (die nachwachsenden Rohstoffe) muss sowohl zur primären Ressource unserer Gebäude werden wie zu der einer Carbo-Biochemie, die bezüglich der Herstellung all unserer alltäglichen Gegenstände die heutige Petrochemie ersetzt.

Diese doppelte Ersetzung (Energie und Stoffe) des Erdreichs durch die Sonne ist nur im Rahmen einer Energiepolitik erreichbar, die sich auf gewissenhafte Verwendung, Teilen und einen Kampf gegen die Verschwendung (Frugalität) gründet, sowie die Reduzierung von Verlusten auf allen Ebenen.

Eine ökologisch verantwortliche Gesellschaft ist unmöglich aufzubauen, ohne den Status von Unternehmen, ihren Aufgaben und ihrer Führung gründlich zu überdenken und neu zu gestalten. Es ist allerdings unerlässlich, eine bessere Aufteilung der Macht zwischen Angestellten und Aktionären zu etablieren. Aber das wird nicht ausreichen, um zu gewährleisten, dass die Unternehmen elementare Menschenrechte beachten, Ungleichheiten reduzieren, Umwelt und Biodiversität schützen, aktiv und solidarisch gegen die Gefahr des Klimawandels kämpfen. Man muss an die Wurzel gehen und das Gesellschaftsrecht verändern, das seit 200 Jahren die rechtliche Grundlage der Unternehmen darstellt. In den Vereinigten Staaten entstehen neue Firmentypen. Ein aktuelles französisches Gesetz zählt mittlerweile sogar die Verantwortung für Gesellschaft und Umwelt zu den definitorischen Merkmalen des Unternehmensmanagements. Es eröffnet den Unternehmen auch die Möglichkeit, sich jenseits der

Gewinnorientierung mit einem Sozial- und Umweltauftrag zu versehen, dessen Aufrichtigkeit und korrekte Durchführung der Staat kontrollieren soll. Bleibt dafür zu sorgen, dass solche Ausnahmen, die inzwischen möglich geworden sind, zur allgemeinen Norm werden.

Postwachstum und Entmarktlichung

Eine konvivialistische Gesellschaft wird zwangsläufig eine Postwachstumsgesellschaft sein. Das bedeutet, dass sie einen Wohlstand erstrebt, der nicht allein dem grenzenlosen Wachstum des BIP unterworfen ist. Der Schlüssel zu einem solchen wachstumsunabhängigen Wohlstand ist die *Entmarktlichung*. Unter Entmarktlichung sind alle Arten der besseren Befriedigung von Bedürfnissen mit weniger Waren und weniger Geld zu verstehen.

Viele Praktiken der jüngsten Zeit gehen in diese Richtung: solidarische Sozialwirtschaft, kollaborative Produktion (von Wikipedia bis zu den FabLabs), Plattformen für gemeinschaftlichen Tausch und Konsum (Tauschringe, Netzwerke für gegenseitigen Austausch, LETS usw.), Produkt-Dienstleistungssysteme (nach dem Velib-Modell), Kreislaufwirtschaft (Wiederverwendung, Recycling…). Alle diese Modelle beruhen auf neuen Kombinationen zwischen marktlichen und nicht-marktlichen bzw. nicht-monetären Ressourcen. Sie gehen in Richtung einer konvivialistischen Wirtschaft, wenn die nicht-monetäre die kommerzielle und monetäre Motivation überwiegt, wie im Fall des kostenlosen oder »Peer-to-Peer«-Austausches, der Eigenproduktion und der gemeinsamen Nutzung von Gütern, im Gegensatz zu dem, was uns Unternehmen wie Uber oder Airbnb vorschlagen, die unter dem Deckmantel der Sharing Economy nur Formen von Unentgeltlichkeit vorgaukeln, um besser ihre Profite steigern zu können.

Unter den zu fördernden Maßnahmen, um die Entmarktlichung zu erleichtern, seien zitiert:

- Die Verlängerung der Lebensdauer von Gütern durch Verbot geplanter Obsoleszenz und verpflichtende Einführung technischer Normen, die ihre Reparierbarkeit erleichtern.
- Die Reduzierung des Geldbedarfs von Haushalten, insbesondere Haushalten mit geringen Ressourcen, dank solcher Maßnahmen wie: die progressive Preisgestaltung für Wasser und Strom, der Aufbau kollektiver Verkehrs- und Dienstleistungssysteme, die ein Leben ohne Auto ermöglichen oder die Bildung von Fahrgemeinschaften erleichtern; die kostenlose Bereitstellung geeigneter Informationen über die realen Gebrauchskosten von Gütern und die Art, die eigenen Ausgaben zu senken usw.
- Die drastische Reduzierung von Werbung (mindestens das Verbot der aufdringlichsten Formen unverlangter Werbung an die eigene Adresse oder im Internet).
- Eine Politik der Arbeitszeitgestaltung/-verkürzung, um die Pluralisierung der Beschäftigungen zu erleichtern, deren ausdrückliches Ziel darin bestünde, den Menschen mehr Zeit zu geben, um sich am gesellschaftlichen Leben und der Herstellung unentgeltlicher Gemeingüter zu beteiligen.
- Eine systematische Ausrichtung der öffentlichen Vergabepolitik an Kriterien ökologischer und sozialer Innovation (Einhaltung von Sozial- und Umweltstandards bei öffentlichen Ausschreibungen usw.).

Eine Strategie der Entmarktlichung hat zwangsläufig einen negativen Einfluss auf den gewerblichen Sektor und folglich auf die Steuereinnahmen und Handlungsmöglichkeiten des Staates. Es können diverse Strategien erkundet werden, um dieser Herausforderung zu begegnen. Eine der am häufigsten erwähnten ist der Geldpluralismus – zum Beispiel in Form einer vom Staat ausgegebenen und nicht oder nur teilweise konvertierbaren Währung –, um grundlegende Güter und Dienstleistungen sowie den Handel auf lokaler Ebene zu finanzieren. Gemäß der systemischen Logik, die der Idee der Entmarktlichung zugrunde liegt, bestünde die kreativste Antwort allerdings darin, den staatlichen Sektor selbst zu demonetarisieren, indem man im großen Umfang die freiwillige Beteiligung der Bürger an der Gewährleistung öffentlicher Dienste und der Herstellung von Gemeingütern organisiert, was voraussetzt, innovative Formen der Zusammenarbeit zwischen Behörden und Bevölkerung zu ersinnen. Die Einführung einer »Bürgerreserve« im Schulwesen zeigt beispielsweise, dass es sich dabei um keine Utopie handelt.

Deglobalisierung

Eine konvivialistische Postwachstumsgesellschaft wird zwangsläufig einen Deglobalisierungs- und Relokalisierungsprozess der Wirtschaften einleiten.

- Auf internationaler Ebene setzt die neoliberale Globalisierung Sozial- und Umweltsysteme zueinander in Konkurrenz, besonders im Bereich der Steuern und Menschenrechte, zugunsten einer gegenseitigen Unterbietung bei Steuern, Sozial- und Umweltstandards oder Schutz der Rechte. Konvivialistische Gesellschaften werden die von den multinationalen Konzernen aufgezwungenen Verträge zur Handelsliberalisierung aufkündigen und sie durch internationale Kooperationsvereinbarungen ersetzen.
- Solche Vereinbarungen, die durch ein *ökonomisches Subsidiaritätsprinzip* sowie ein Bewusstsein für die Umwelt inspiriert sind, sollten es allen Ländern ermöglichen, einen Großteil ihrer Bedürfnisse durch lokale Produkte zu befriedigen,

während heutzutage jedes die gleichen Güter produziert, exportiert und importiert, was das Volumen des Warentransports und ihren ökologischen Fußabdruck vergrößert. In Ermangelung einer vereinbarten Regulierung können *Steuern auf zurückgelegte Kilometer* für eine Reduzierung dieser »unnützen« und ökologisch kostspieligen Ströme zwischen Industriestaaten sorgen.

- Auf der lokalen Ebene von Lebensgemeinschaften oder Arbeitsmarktregionen muss der Tauschhandel nicht unbedingt in einer internationalen, nicht einmal einer nationalen Währung abgewickelt werden. Er kann auch innerhalb *lokaler Tauschsysteme mit Komplementärwährungen* erfolgen. Es gibt zahlreiche derartige Experimente in Frankreich, Europa und der ganzen Welt. Sie ermöglichen, die Demokratie von unten neu zu beleben und Zusammenhalt und Gegenseitigkeit zu erzeugen.
- Gemäß eben dieser Logik der Relokalisierung ist es möglich und notwendig, eine *industrielle Basissouveränität* sowie die *Nahrungsmittelsouveränität* (zurück) zu erlangen. Eine Nahrungsmittelsouveränität, die beispielsweise nach dem französischen Vorbild der Verbände zur Erhaltung einer bäuerlichen Landwirtschaft (AMAP) organisiert werden kann, die einen direkten und dauerhaften Kontakt zwischen Verbrauchern und Gemüsebauern bzw. Viehzüchtern, aber auch Käsern, Bäckern und Obstbauern usw. herstellen.

In Europa hat sich im Vergleich zu anderen Regionen der Welt aufgrund der unbedachten Beschleunigung einer ökonomischen und monetären Integration, die von keiner politischen und sozialen Integration begleitet wurde, eine zusätzliche Schwäche herausgebildet. Diese Desynchronisierung führt dazu, dass sich viele Länder der europäischen Gemeinschaft im Zustand unerträglicher Ohnmacht und Not befinden. Für welche Lösung man sich auch immer entscheidet, sie muss unbedingt das Ziel verfolgen, in der einen oder anderen Form monetäre, politische und soziale Souveränität wieder miteinander zu verbinden.

Die Hybris der Technowissenschaften beherrschen

Die amerikanische Gegenkultur der 1960er Jahre hegte die Hoffnung, dass wir mit dem PC die Möglichkeit hätten, den Zentralismus der Staatsgewalten zu vermeiden und eine aufgeklärte Kommunikation zwischen befreiten Gemeinden herzustellen. Dass wir dank seiner die Werte der Konvivialität verwirklichen würden, in Opposition zur Welt des ungebremsten Konsums. Doch die Technikutopien haben die Seite gewechselt. Sie sind von der Industrie und Finanzwelt in Beschlag genommen worden. Die Träume der Visionäre, die in Hippiekommunen oder ihrem Umfeld aufgewachsen sind, haben sich längst ausgeträumt. Die Megamaschinen haben die Macht ergriffen und die digitale Welt ist zum Monopol der kalifornischen oder chinesischen Webgiganten geworden. Sie haben die Vorstellungswelten kolonisiert und tragen heute dazu bei, transhumanistische Fantasmen als glaubwürdig erscheinen zu lassen. Die künstliche Intelligenz ist so zum Wahrzeichen einer Gesellschaft geworden, deren Abläufe gänzlich durch Algorithmen gesteuert würden und die die Freiheitsrechte unter dem Vorwand unterdrücken würde, für Sicherheit zu sorgen oder das biologische Überleben ins Unendliche zu verlängern. Von den Werten der Konvivialität ist im Universum der Technowissenschaften fast nichts übriggeblieben. Der Mensch wird von den Technikutopien so wenig berücksichtigt, dass sein baldiges Überflüssigwerden in Aussicht gestellt wird: überflüssig in der Arbeitswelt, wo die meisten Tätigkeiten bald automatisiert oder von Robotern ausgeführt werden; überflüssig im gesellschaftlichen Leben, dessen Kontrolle alle emanzipatorischen Initiativen ausschalten wird; überflüssig in der medizinischen Zukunftsforschung, die sich bereits das Ideal eines verbesserten (ja posthumanistischen) Menschen aufdrängen lässt; überflüssig in der Sphäre des Rechts, die inzwischen versucht, die Rechtspersönlichkeit mit sogenannten »intelligenten« Maschinen in Einklang zu bringen.

Es ist dringend geboten, zu widerstehen und zu verstehen. Zu widerstehen: der Technikbegeisterung, der Faszination für das Neue, den vermeintlichen Erleichterungen einer verflüssigten Gesellschaft. Zu verstehen: die Logik der Instrumente, die man uns als unverzichtbar präsentiert – die man unter dem Akronym NBIC[5] zusammenfasst und als verbindliche Roadmap moderner Forschungsstrategien darstellt. Zu verstehen auch: die Ambivalenz der Biotechnologien, die das Zeitalter der vollkommenen Gesundheit (ja der Unsterblichkeit) ankündigen sowie das der Verschmelzung von Mensch und Roboter (Cyborg). Die »Molekularschere« CRISPR-Cas9 enthüllt diese Ambivalenz: Sie lockt mit der Aussicht auf Gentherapien (die »Reparatur«) und initiiert zugleich eugenische Unternehmungen (die »Verbesserung«). Ziehen die Chinesen nicht bereits jetzt in Erwägung, mit ihrer Hilfe die für die höchsten Intelligenzquotienten verantwortlichen Gene zu identifizieren, um sie zu kopieren und in Keimzellen oder Embryonen zu verpflanzen, aus denen dann Populationen von Hochbegabten entstehen? Der Konvivialismus kann das Ausmaß moralischer Verwirrung und Entfremdung, das als Hypothek auf den heutigen Wissenschaften und Techniken lastet, kaum unterschätzen: Instrumentalisierung und Kommerzialisierung der Körper, Kontrolle und Reduzie-

5 | Es steht für ein interdisziplinäres Forschungsfeld, das am Schnittpunkt von Nanotechnologien (N), Biotechnologien (B), Informationstechnologien (I) und Kognitionswissenschaften (C) angesiedelt ist.

rung des Verhaltens auf die für Maschinen erkennbaren Elementarformen, Verengung der Privatsphäre... Sie bringen uns unbestreitbar viele unmittelbare Erleichterungen, doch die Gesamtheit dieser Erleichterungen entwirft einen Typus von Gesellschaft, den wir nicht wollen. Es ist somit dringend geboten, die Gemeinwohlentscheidungen zu kontrollieren und sie der Macht dieser Ingenieure, Ärzte, Juristen oder Politiker/innen zu entziehen, die beanspruchen, eine Zukunft vorzubereiten, die kein menschliches Aussehen mehr haben wird. Diese Kontrolle erfordert deliberative Instanzen, die mit der Macht ausgestattet sind, im Vorfeld der Planung technowissenschaftlicher Forschungen zu intervenieren, die in der Lage sind, Informationen und öffentliche Debatten einzufordern und zu strukturieren, und zu dem Zweck gegründet werden, mit beratenden Gremien zu interagieren. Diese Instanzen entstehen, indem die Bürger/innen sich das Wissen und die Voraussetzungen zur ethischen Beurteilung von Innovationen aneignen, die sich am Bemühen um ein gutes Leben orientieren und nicht mehr daran, Finanz- und Industriekreise reicher zu machen.

Schluss

Eine universalisierbare konviviale Gesellschaft aufzubauen, die das Ziel verfolgt, allen hinreichenden Wohlstand, Würde und Wohlergehen zu sichern, die dies nicht mit einem unmöglich und gefährlich gewordenen, stetigen starken Wachstum verbindet, und deshalb alle Formen von Schrankenlosigkeit und Maßlosigkeit bekämpft, ist eine beträchtliche Herausforderung. Die Aufgabe erscheint umso mühsamer und riskanter, als man, um erfolgreich zu sein, gewaltigen und furchterregenden Mächten entgegentreten muss. Mächten sowohl finanzieller, materieller, technischer, wissenschaftlicher oder intellektueller als auch militärischer oder krimineller Art.

Die vier Hauptwaffen gegen diese kolossalen und oft unsichtbaren oder nicht zu lokalisierenden Mächte sind anfangs die folgenden:

- Die *Entrüstung* über die Maßlosigkeit und die Korruption sowie die *Scham*, die all jenen spürbar gemacht werden muss, die direkt oder indirekt, aktiv oder passiv, die Prinzipien der gemeinsamen Natürlichkeit, der gemeinsamen Menschheit und der gemeinsamen Sozialität verletzen. Die Praktiken der öffentlichen Bloßstellung und Aufrufe zum Boykott können sich als sehr wirksam erweisen, wenn sie gut koordiniert sind und im Namen einer schlüssigen und selbst einwandfreien Ideologie durchgeführt werden. Man denke zum Beispiel an den Einfluss von #MeToo.
- *Das Gefühl, Teil einer gemeinsamen Weltgemeinschaft* von Millionen, Hunderten von Millionen, ja nach und nach Milliarden von Individuen aller Länder, aller Sprachen, aller Kulturen und Religionen, aller sozialen Schichten zu sein, die am selben Kampf für eine ganz und gar menschliche Welt

> teilnehmen. Dazu müssten sie über ein gemeinsames Symbol verfügen können, das zugleich für die Bewahrung der natürlichen Umwelt und den Kampf gegen die Korruption und Schrankenlosigkeit steht. Das Wort »Konvivialismus« ist dazu gedacht, dieses Symbol zu sein. Es wird von selbst wieder verschwinden, wenn ein mächtigeres und aussagekräftigeres Symbol gefunden ist.

Auf dieser Grundlage wird es denen, die sich in den Prinzipien des Konvivialismus wiedererkennen, möglich sein, auf die bestehenden politischen Spiele radikal Einfluss zu nehmen und allen ihre Kreativität aufzubieten, um die neuen Formen zu leben, zu produzieren, zu spielen, zu lieben, zu denken und zu lehren, die bereits gesucht werden, zu potenzieren. Auf konviviale Weise, mit Hilfe gewaltloser Aktionen. Indem man miteinander rivalisiert, ohne einander zu hassen und zu vernichten. Indem man das Vertrauen in die Zukunft bei denen wiederherstellt, die es seit Langem verloren haben. Mit der Perspektive sowohl der Reterritorialisierung und Relokalisierung wie der Öffnung hin zu einer organisierten Weltzivilgesellschaft. Diese ist schon jetzt im Begriff, in vielfältigen Formen zu entstehen, besonders durch die vielen Facetten der sozialen und solidarischen Ökonomie oder der Commons-Ökonomie, über alle Formen der partizipativen oder direkten Demokratie und der Erfahrung der weltweiten Sozialforen usw.

Das Internet, die neuen Technologien und die Wissenschaft werden im Dienst der Errichtung dieser lokalen wie weltweiten, sowohl tief verwurzelten wie offenen Zivilgesellschaft stehen. Auf diese Weise zeichnet sich ein neuer Progressivismus ab, frei von jedem Ökonomismus und Szientismus sowie der überkommenen Vorstellung, dass »immer mehr« gleichbedeutend ist mit »immer besser«.

Doch baut sich eine konvivialistische Gesellschaft natürlich nicht von alleine auf, ohne alle Reibereien, als Konsequenz des guten Willens einer Menschheit, die sich endlich eines Besseren besonnen hätte. Es wird nicht leicht sein, kollektiv zu beschließen, sich selbst zu begrenzen, vor allem im ökonomischen Bereich. Die Versuchung der Hybris ist nicht den Reichsten und Mächtigsten vorbehalten. Sie ist, aktiv oder potentiell, bei allen Menschen präsent. In einer konvivialistischen Gesellschaft wird man also nicht sagen können, dass es »verboten ist zu verbieten«. Damit jeder seinen Wunsch nach Anerkennung entfalten kann, indem er sich in prosozialen Tätigkeiten, zum Wohle der Gesellschaft, betätigt, muss man ein neues Regelwerk einführen, das zunächst einmal das Profitstreben um seiner selbst willen verbietet und folglich den daraus resultierenden extremen Reichtum, der aus Hybris angehäuft wird, unter Verleugnung der gemeinsamen Natürlichkeit, der gemeinsamen Menschheit und der gemeinsamen Sozialität.

Da die derzeit vorherrschende gesellschaftliche Norm stattdessen auf Habgier (*greed*), Egoismus und Gleichgültigkeit gegenüber dem Schicksal der anderen beruht, wird die Einführung neuer konvivialistischer Normen zwangsläufig zu vielen neuen Formen von Delinquenz führen, die zu den bereits bestehenden hinzukommen. Man wird also nicht umhinkommen, die Frage nach der Art der strafrechtlichen Verfolgung und den Formen der Bestrafung zu stellen. In der Regel wird eine restaurative Justiz angewandt (d.h. eine geordnete Gegenüberstellung von Angesicht zu Angesicht zwischen den Delinquenten und ihren Opfern) mit Haftstrafen oder Strafen, die nicht darauf abzielen, die Subjektivität zu zerstören, wie es in den meisten bestehenden Strafvollzugssystemen der Fall ist, sondern die im Gegenteil eine wirkliche Individuationsarbeit ermöglichen.

Im Allgemeinen wird eine konvivialistische Gesellschaft eine reflexive und erzieherische Gesellschaft sein. Sie wird weder entstehen noch überleben können, wenn sie den Einzelnen oder Gruppen nicht die Mittel gibt, besser zu verstehen, was sie motiviert, und die Konflikte zu beherrschen, die aus dem Streben nach Anerkennung resultieren, das sie alle antreibt. Sie wird schließlich auch eine wiedergutmachende sein. Sie wird all denen wieder zu Selbstvertrauen und emotionaler Sicherheit verhelfen müssen, deren Leben durch Wirtschaftskrisen, durch die Isolation und Einsamkeit, die der neoliberale Lebensstil mit sich bringt, durch das Elend oder die Massaker, die zur Migration zwingen usw., zerrüttet wurde. Es liegt übrigens darin, in diesen Sorgearbeiten (*care*), ein enormes Beschäftigungspotential, das kaum in Gefahr ist durch künstliche Intelligenz verdrängt zu werden.

Doch noch vor jedem Bildungsprozess setzt der Konvivialismus auf die Mobilisierung der Affekte und Leidenschaften. Ohne sie geht nichts. Weder das Schlimmste noch das Beste. Das Schlimmste ist der Aufruf zum Mord, der die totalitären, sektiererischen und fundamentalistischen Leidenschaften schürt. Das Beste ist der Wunsch, weltweit wirklich demokratische, zivilisierte und konviviale Gesellschaften zu errichten. Das Bestreben, alle Versprechen der Gegenwart, die man für alle fass- und erfahrbar machen muss, zu realisieren.

Um die Einheit des Konvivialismus zu symbolisieren und zu verkörpern, um sich mit genügend Autorität und Medienecho zu den vielen drängenden Fragen zu äußern, wäre es vernünftig, rasch den Entwurf einer Weltversammlung der gemeinsamen Menschheit auszuarbeiten, in der sich Vertreter/innen der organisierten Weltzivilgesellschaft, der Philosophie, der sogenannten »exakten« Wissenschaften, der Geistes- und Sozialwissenschaften sowie der verschiedenen ethischen, spirituellen und religiösen Strömungen zusammenfinden, die sich in den Prinzipien des Konvivialismus wiedererkennen.

Kurzfristig muss der Konvivialismus zwei Hauptschwierigkeiten lösen, die beide mit der Tatsache verbunden sind, dass es so scheinen könnte, als würde er mehr oder weniger abstrakten Überlegungen entspringen, ohne direkten Bezug zu den unmittelbaren ökonomischen Notwendigkeiten eines jeden wie zu den Realitäten der Politik.

Ökonomisch erneuern

Was den ersten Punkt angeht, stößt der Konvivialismus offenkundig auf das gleiche Problem wie alle Parteien, die sich auf die Ökologie berufen (es sind, wenigstens dem Bekenntnis nach, immer mehr), sich aber nicht wirklich für die notwendigen Veränderungen engagieren. Denn wie soll man den Planeten wirklich retten und die Umwelt schützen, ohne bestimmte Arbeitsplätze zu beseitigen, nämlich in umweltschädlichen oder umweltverschmutzenden Wirtschaftsbereichen, die es abzuschaffen gilt? Wie soll man die Angst vor dem Weltende mit der Sorge um das Monatsende in Einklang bringen? Um zu überzeugen, genügt es nicht, zu den gebildetsten Gesellschaftsschichten zu sprechen oder ihren Kindern, die bereits für die Notwendigkeit, gegen den Klimawandel zu kämpfen, sensibilisiert sind. Man muss sich an alle wenden: Gelbwesten, Arbeiter mit und ohne Gewerkschaftsausweis, arbeitslose Bewohner/innen der Trabantenstädte…

Ein Teil der Antwort ist Folgender: Das Ziel des Konvivialismus besteht darin, die Umrisse einer Gesellschaft zu zeichnen, die auch ohne Wachstum des BIP lebensfähig ist, d.h. selbst wenn das BIP und die monetäre Kaufkraft stagnieren sollten, sei es aus ökologischen oder ökonomischen Gründen (die von manchen Ökonomen diagnostizierte »säkulare Stagnation«) bzw. als Folge einer großen Finanzkrise. Wir haben gezeigt, dass dies möglich ist, sobald ein nicht unerheblicher Teil unserer Bedürfnisse auf nicht-marktliche Weise befriedigt wird, durch Direktbeziehungen zwischen Erzeugern und Verbrauchern: durch Entmarktlichung, Deglobalisierung und Relokalisierung.

Man braucht deshalb nicht auf die Finanzmittel zu verzichten, die derzeit noch wenig in Anspruch genommen werden. Wir haben gesehen, dass die gesammelten Vorschläge der demokratischen Kandidaten für die US-Präsidentschaftswahlen, die sich nur auf die sehr hohen Einkommen, Vermögen und Erbschaften beziehen, Beträge in der Größenordnung von 400 Milliarden Dollar jährlich einbringen würden. Das trifft auch auf viele andere Staaten zu. In Frankreich würden vergleichbare Maßnahmen – in Verbindung mit einer wirksameren Bekämpfung der Steuerparadiese und einer Besteuerung der Multis (besonders der GAFAM) nach ihrem Umsatz in jedem Land – um die 50 Milliarden Euro pro Jahr einbringen, unter ansonsten gleichen Bedingungen. Genug, um ein wirkliches Grundeinkommen[1] zu finanzieren, das zum Beispiel Landwirten oder Gewerbetreibenden, die ihren Beruf lieben, aber ständig am Rande des Bankrotts (und des Selbstmords) stehen, ermöglichen würde, sich in ihren Tätigkeiten zu entfalten, ohne gezwungen zu sein, darin ihre ausschließliche Einkommensquelle zu suchen. Genug auch, um den unerlässlichen ökologischen Wandel, etwa durch bessere Wärmedämmung, in Gang zu setzen und der großen Not der Krankenhäuser, Gefängnisse usw. zu begegnen.

Diese Zahl vermittelt eine Vorstellung von den Handlungsspielräumen, über die wir verfügen würden, wenn die Reichsten der Reichen nicht mehr in der Lage wären, sich der Solidaritätspflicht zu entziehen, die die drei Prinzipien der gemeinsamen

1 | Bei einer Höhe von 500 Euro monatlich für einen Erwachsenen, plus manchen beibehaltenen Sozialleistungen (z.B. Wohngeld), würden sich die Nettokosten eines solchen Universaleinkommens in Frankreich auf 40 Milliarden Euro jährlich belaufen.

Natürlichkeit, der gemeinsamen Menschheit und der gemeinsamen Sozialität mit sich bringen. Doch hier drängen sich gleich zwei Bemerkungen auf. Zum einen ist klar, dass der Konvivialismus in keinem vom Rest der Welt isolierten Land Gestalt annehmen kann. Wenn die hier geschätzten Reichtümer sofort anderswo Zuflucht finden könnten, wird es schwierig voranzukommen. Aus diesem Grund ist es essenziell, dass die Prinzipien des Konvivialismus – egal, ob unter diesem oder einem anderen Namen – eine durchschlagende Wirkung auf die Meinung der Weltöffentlichkeit haben. Zum anderen darf man auf keinen Fall glauben oder den Eindruck erwecken, dass alles so weitergehen könne wie zuvor, ohne etwas an unserem Lebensstil zu ändern, weil wir einen gewissen finanziellen Spielraum zurückgewonnen hätten. Kurzum, man muss in einem ganz anderen Geist denken als dem des Staatskeynesianismus (der alles glaubt ins Reine bringen zu können, indem er das BIP-Wachstum durch öffentliche Ausgaben wieder ankurbelt) und die Illusion eines »grünen Wachstums« aufgeben (die nur eine neue Variante der ewigen Jagd nach dem Reichtum wäre, mit dem ökologischen Anliegen als bloßem Vorwand).

Politisch erneuern

Damit ist die Frage nach der politischen Positionierung gestellt. Es ist klar, dass der Konvivialismus sich nicht wird durchsetzen können, ohne früher oder später auf die eine oder andere Weise in das bestehende Spiel der politischen Kräfte einzutreten. Und das ist ein weiterer Widerspruch, der gelöst werden will. Der Konvivialismus setzt in erster Linie auf die Macht der Zivilgesellschaft oder, besser gesagt, der Bürgergesellschaft, anders formuliert, auf die Mobilisierung all derer, die sich um das Gemeinwohl sorgen. Doch diese misstrauen weitgehend der Politik und den Politiker/innen (die sie übrigens zumeist ignorieren, es sei denn, es stehen Wahlen an). Sie lehnen es nicht rundweg ab, Politik zu machen, unter der Voraussetzung, dass es auf »andere Weise« geschieht, nämlich unter Ausschluss von Berufspolitikern und -politikerinnen. Doch dieser Vorbehalt ist genau das, was sie zu einer Verzettelung ihrer Kräfte, zu einer großen Unsichtbarkeit und letztlich zu einer weitgehenden Ohnmacht gegenüber Markt oder Staat verurteilt.

Was tun? Unmittelbar, und insbesondere anlässlich von Kommunalwahlen, gilt es, die Berufs- oder Laienpolitiker/innen, die mit dem *zweiten konvivialistischen Manifest* einverstanden sind, zu ermutigen, sich auf dieses zu berufen. Schließlich ist der Konvivialismus niemandes Eigentum, und seine Stärke rührt gerade daher, dass er Personen aus unterschiedlichsten politischen und ideologischen Lagern vereint. Augenblicklich können wir also nur darauf hoffen, »vereinnahmt« zu werden. Wenn manche dies auf missbräuchliche Weise tun würden, wäre es ein Leichtes, sie zu entlarven.

Doch wird der Konvivialismus erst dann wirklich in der Politik Fuß fassen, wenn die Werte, die er vermittelt, und die Lösungen, die er vorschlägt, weithin geteilt werden. Wie soll man dafür sorgen, dass dies geschieht und wie soll man es in Erfahrung bringen und nach außen kommunizieren? Viele Leute, die bereits vom Konvivialismus überzeugt sind, fragen sich, wie sie dazu beitragen können. Doch gerade, weil der Konvivialismus keine Organisation, geschweige denn eine Partei ist, kann man ihnen nicht vorschlagen, beizutreten.

In diesem Stadium bleiben zwei Handlungsmöglichkeiten. Die erste, zumindest in Frankreich (aber auch in Deutschland[2]), besteht darin, dieses *zweite konvivialistische Manifest* zu diskutieren und es durch die Mitteilung neuer Erfahrungen und Analysen zu bereichern. Dafür sind die Websites www. convivialisme.

---

2 | Vgl. www.diekonvivialisten.de.

org und www.les convivialistes.org da. Doch das einfachste und wirksamste Mittel, das Bekenntnis zu den konvivialistischen Werten und Analysen sichtbar zu machen, wäre, wenn alle, die sich auf sie berufen, an den Orten, wo sie leben und arbeiten, einen Button tragen würden, der diese gemeinsamen Hoffnungen symbolisiert. Er trägt die Buchstaben AH!, was zum Beispiel *avancer en humanité, anti-hybris, alter-humanisme, anti-haine* usw. bedeuten kann. Es steht jedem frei, die Bedeutung zu wählen, die ihm oder ihr am besten gefällt. Was zeigt, dass die Strategien des Konvivialismus vielfältig sind, dass der Konvivialismus kein Dogma ist, sondern ein Weg[3]. Und eine Hoffnung, in einer Welt, der es daran schmerzlich mangelt.

Wir hoffen, dass die Träger dieses Buttons, oder seines Nachfolgers, immer zahlreicher werden, damit sie sich gegenseitig erkennen und miteinander diskutieren können, dort, wo sie leben und arbeiten, im Krankenhaus, in der Schule, in den Gefängnissen, in den Gymnasien, in der Landwirtschaft, in den Unternehmen, in den Versicherungen, in den Gewerkschaften usw. Sie könnten so damit beginnen, die Umrisse konvivialerer Lebens- und Arbeitsorte zu entwerfen. So nimmt dann eine post-neoliberale Gesellschaft tatsächlich Gestalt an.

Nunmehr könnte man vielleicht darüber nachzudenken beginnen, eine konvivialistische Organisation, ja eine konvivialistische politische Organisation zu gründen. In Form eines Archipels?[4] Vielleicht. Denn wer erkennt nicht, dass die bestehenden politischen Parteien immer weniger imstande sind, zur Mehrheit der Bürger/innen zu sprechen und glaubhafte Hoffnungen zu formulieren? Zulauf haben derzeit nur diejenigen, die der

3 | Die Gründe für diesen Button und Wege, ihn sich zu besorgen, werden auf der Website ah-ensemble.org dargelegt.

4 | Wie es beispielsweise in Frankreich das Netzwerk Osons les jours heureux vorschlägt und in die Tat umsetzt.

Verzweiflung, dem Hass und dem Ressentiment eine Stimme geben, indem sie diese Gefühle gegen Sündenböcke mobilisieren. Alle geben zu verstehen, dass wenn nur das Wachstum zurückkäme (und jede präsentiert sich als diejenige, die am besten geeignet ist, das zu bewirken) und wenn die Sündenböcke verschwunden, alle Probleme gelöst wären. Darin liegt nichts, wie man wird zugeben müssen, was große Begeisterung weckt. Es ist unter diesen Umständen nicht verwunderlich, dass immer mehr Wähler/innen sich der Stimme enthalten, und dass immer mehr, vor allem unter den Jugendlichen, nicht mehr an die Demokratie und die Institutionen glauben. Weil sie ganz einfach nicht mehr an die Zukunft glauben.

Dann allerdings wäre die eine oder andere Form von konvivialistischer Partei, die die Hoffnung wieder herstellt, indem sie aufzeigt, welchen neuen Typ von Gesellschaft aufzubauen tatsächlich möglich wäre, mehr als willkommen. Doch wird es nicht Sache von Intellektuellen wie denen sein, die zur Abfassung dieses Manifests beigetragen haben, sich in dieses unerlässliche politische Unternehmen zu stürzen. Das ist nicht ihre Aufgabe. Nunmehr liegt es an anderen, vor allem Jüngeren, ihre Nachfolge anzutreten. Lasst uns gemeinsam darüber diskutieren. Es ist ihre Zukunft, die sie aufzubauen haben und niemand wird es an ihrer Stelle tun.

Die Unterzeichner/innen

Warum diese Unterzeichnerinnen und Unterzeichner und keine anderen? Warum nicht tausende oder zehntausende anderer Persönlichkeiten, die ebenso imstande und möglicherweise gewillt (gewesen) wären, sich der Liste anzuschließen? Und warum sich überhaupt auf diejenigen beschränken, die man als »Persönlichkeiten« betrachten kann?

Die Antwort auf diese zweite Frage ist einfach: Wir wünschen uns sehnlichst, dass sich Millionen und Abermillionen Menschen im Konvivialismus weitgehend wiedererkennen und zu ihm beitragen können, doch irgendwo muss man anfangen. Um die Chance zu haben, einen Schneeballeffekt zu erzeugen, ist es wichtig, dass die Erstunterzeichner hinreichend bekannt und anerkannt sind. Doch dabei soll es nicht sein Bewenden haben. Wir laden deshalb all jene, die das möchten, zumindest in Frankreich, dazu ein, ihre Unterstützung für den Konvivialismus auf der Website www.convivialisme.org zu dokumentieren, wie das bereits beim ersten konvivialistischen Manifest auf der Website www.lesconvivialistes.org der Fall war. Dadurch wird zumindest ermöglicht, Informationen über mögliche zukünftige Initiativen in Umlauf zu bringen.

Und warum, um auf die erste Frage zurückzukommen, warum diese Unterzeichner/innen und keine anderen? Wiederum aus Bequemlichkeit. Weil es unmöglich war, anders vorzugehen, als diejenigen zu kontaktieren, mit denen die Unterzeichner des ersten Manifestes bereits in Frankreich und auf der ganzen Welt in Verbindung standen. Hätten wir mit anderen Personen begonnen, hätten sich zweifellos andere Netzwerke herausgebildet, auch wenn sie sich wahrscheinlich mit den hier Erscheinenden teilweise überschnitten hätten. Allerdings hat die Liste der Unterzeichner/innen dieses zweiten Manifestes echte Substanz. Sie stammen aus 33 verschiedenen Ländern, was dazu berechtigt, von einer konvivialistischen Internationale zu sprechen, selbst wenn diese keine organisatorische oder institutionelle Realität hat und folglich gänzlich informell bleibt.

Wie ist dieses zweite Manifest zustande gekommen? Eine erste Version wurde, unter Verwendung von Teilen des ersten Manifestes, von Alain Caillé verfasst. Recht schnell hat er davon eine erste englische Übersetzung angefertigt, die es ermöglichte, eine wirkliche internationale Diskussion anzustoßen. Dutzende von Beiträgen oder Vorschlägen, Ergänzungen, Streichungen oder Veränderungen wurden aufgenommen. Manche beziehen sich auf zwei oder drei Worte oder wenige Zeilen, andere auf ganze Absätze. Viele Unterzeichner/innen haben sich damit begnügt, ihre Zustimmung zu signalisieren, doch letzten Endes handelt es sich wirklich um einen pluralen und internationalen Text.

Die Leser und Leserinnen finden im Anschluss die Namen der Unterzeichner/innen und eine Kurzvorstellung, wer sie sind und was sie machen.[1]

TETSUO ABO *(Japan), Honorarprofessor am sozialwissenschaftlichen Institut der Universität Tokio, Leiter der Forschungsgruppe JMNESG.*

DARON ACEMOGLU *(Türkei, USA), Ökonom, Professor für Wirtschaftswissenschaften am Massachusetts Institute of Technology (MIT), Inhaber des Charles P. Kindleberger-Lehrstuhl.*

JEAN-PHILIPPE ACENSI, *Generalbevollmächtigter der Agence pour l'éducation par le sport (APELS).*

ALBERTO ACOSTA *(Ecuador), Wirtschaftswissenschaftler und Aktivist. Ex-Präsident der verfassunggebenden Versammlung Ecuadors.*

MICHEL ADAM, *Ingenieur und Soziologe, Genossenschaftsaktivist.*

FRANK ADLOFF *(Deutschland), Soziologieprofessor an der Universität Hamburg.*

THAIS AGUIAR *(Brasilien), Professor für Politische Wissenschaft an der Bundesuniversität Rio de Janeiro.*

---

1 | Im Vergleich zum französischen Original ist die Liste, um sie nicht übermäßig lang werden zu lassen, etwas gekürzt worden. So werden keine Publikationen erwähnt.

Christophe Aguiton, *Außerordentlicher Professor für Websoziologie an der Université Paris-Est Marne-la-Vallée.*

Shoki Ali Said *(Äthiopien), Vorsitzender des Vereins France Éthiopie Corne de l'Afrique.*

Cengiz Aktar *(Türkei), Wirtschaftswissenschaftler, Politologe und Journalist, emeritierter Professor für Wirtschafts- und Verwaltungswissenschaft an der Bahçeşehir-Universität (Istanbul), Initiator der Bitte um Verzeihung der Türken gegenüber den Armeniern.*

Claude Alphandéry, *Widerstandskämpfer, Ehrenvorsitzender des Labo de l'École sociale et solidaire.*

Hiroko Amemiya *(Japan, Frankreich), Anthropologe, ehrenamtlicher Dozent für japanische Sprache und Zivilisation an der Université Rennes-2.*

Geneviève Ancel, *Mitbegründerin und Koordinatorin des globalen Netzwerks Dialogues en humanité.*

Catherine André, *Journalistin, Mitbegründerin und Chefredakteurin der mehrsprachigen Website VoxEurop und stellvertretende Chefredakteurin von Alternatives économiques.*

Kathya Araujo *(Peru), Soziologin und Psychoanalytikerin, Professorin am Instituto de estudios avanzados de la universidad de Santiago de Chile.*

Margaret Archer, *emeritierte Soziologieprofessorin der Universität von Warwick, erste Vorsitzende (1960) der International Sociological Association, Gründungsmitglied der Päpstlichen Akademie der Sozialwissenschaften.*

Marcos Arruda *(Brasilien), Wirtschaftswissenschaftler und Pädagoge, Leiter von Políticas alternativas para o Cone Sul (Rio de Janeiro).*

Rigas Arvanitis *(Griechenland, Frankreich), Soziologe, Leiter des Centre population et développement (Ceped, IRD).*

Ash Amin *(UK), Inhaber des Lehrstuhls 1931 des Fachbereichs Geographie der Universität von Cambridge.*

Geneviève Azam, *Wirtschaftswissenschaftlerin, Essayistin, Mitglied des Wissenschaftsrats von Attac.*

LAURENCE BARANSKI, *Lehrbeauftragte an der Université Paris-2 Panthéon-Assas.*

MARC DE BASQUIAT, *Ingenieur und Ökonom, Vorsitzender der Association pour l'instauration d'un revenu d'existence (AIRE).*

PHILIPPE BATIFOULIER, *Professor für Wirtschaftswissenschaften an der Université Paris-13.*

JEAN BAUBÉROT, *Honorarprofessor an der École pratique des hautes études (»Histoire et sociologie de la laïcité«).*

MICHEL BAUWENS *(Belgien), Commons-Theoretiker, Gründer der Fondation P2P (Peer-to-Peer).*

MARCEL BÉNABOU, *Historiker und Schriftsteller.*

RAYMOND BENHAÏM *(Algerien), Ökonom, Berater und Aktivist in mehreren zivilgesellschaftlichen Organisationen.*

DOROTHÉE BENOÎT-BROWAEYS, *Wissenschaftsjournalistin, Leiterin von Tek4life, Mitbegründerin des Vereins VivAgora.*

AUGUSTIN BERQUE, *Geograph und Orientalist, Studienleiter an der École des hautes études en sciences sociales, Mitglied der Académie européenne.*

YVES BERTHELOT, *Wirtschaftswissenschaftler, Ex-Funktionär der Vereinten Nationen, Vorsitzender des Comité français pour la solidarité internationale.*

ROMAIN BERTRAND, *Forschungsleiter am Centre de recherches internationales (CERI, Sciences Po- CNRS), Spezialist für die Geschichte der europäischen Asienkolonisierung.*

JEAN-MICHEL BESNIER, *emeritierter Philosophieprofessor an der Sorbonne Université.*

LEONARDO BOFF *(Brasilien), einer der führenden Vertreter der Befreiungstheologie in den 1970-1980er Jahren, Empfänger des alternativen Nobelpreises 2001.*

SUSANNE BOSCH *(Deutschland), Künstlerin und unabhängige Forscherin.*

DANIEL BOUGNOUX, *Philosoph, emeritierter Professor an der Université Grenoble-Alpes.*

MALEK A. BOUKERCHI *(Algerien), Ultramarathonläufer, Sozialschriftsteller und Dichter, Philo-Fabulierer und Experte in Relationsintelligenz/Situationsintegration.*

DOMINIQUE BOURG, *Philosoph, Honorarprofessor an der Université de Lausanne.*

PASCAL BRANCHU, *Sozialarbeiter und Aktivist in Sachen urbaner Landwirtschaft.*

GENEVIÈVE BRISAC, *Schriftstellerin, Mitglied der NGO Bibliothèques sans frontières.*

AXELLE BRODIEZ-DOLINO, *Zeithistorikerin am CNRS, Spezialistin für Fragen der Armut-Prekarität und des Humanitären.*

WENDY BROWN *(USA), Professorin für Politikwissenschaften an der University of California in Berkeley.*

FABIENNE BRUGÈRE, *Professorin für die Philosophie der modernen und zeitgenössischen Kunst an der Université Paris-8.*

LUIGINO BRUNI *(Italien), Wirtschaftswissenschaftler und Philosoph, Professor an der Universität von Mailand-Bicocca.*

JAIME RÍOS BURGA *(Peru), Professor für Soziologie und Politologie an der Universität von Lima.*

VALÉRIE CABANES, *Juristin für internationales Recht, spezialisiert auf Menschenrechte und humanitäres Recht, Ökologin und Essayistin, beteiligt an der Gründung der Bürgerbewegung End Ecocide on Earth.*

ALAIN CAILLÉ, *emeritierter Soziologieprofessor der Université Paris-Nanterre, Leiter von La Revue du MAUSS, einer der Animatoren der konvivialistischen Bewegung.*

MATTHIEU CALAME *(Frankreich, Schweiz), Agraringenieur, Leiter der Fondation Charles Léopold Mayer pour le progrès de l'homme.*

CRAIG CALHOUN *(USA), amerikanischer Soziologe, Ex-Direktor der London School of Economics and Political Science (2012-2016).*

HERNANDO CALLA *(Bolivien), Aktivist in bolivianischen Bauernorganisationen.*

BELINDA CANNONE, *Romanschriftstellerin, Essayistin und Dozentin für vergleichende Literaturwissenschaften an der Université Caen-Normandie.*

LUÍS R. CARDOSO DE OLIVEIRA *(Brasilien), Professor für Anthropologie an der Universität von Brasilia, Ex-Vorsitzender des brasilianischen Anthropologenverbandes (2006-2008).*

JORGE CARILLO *(Mexiko), Forscher am Colegio de la Frontera Norte (Colef).*

GENAUTO CARVALHO DE FRANCA FILHA *(Brasilien), Professor an der Bundesuniversität von Bahia.*

BARBARA CASSIN, *Philosophin und Philologin, Forschungsleiterin am CNRS, Mitglied der Académie française.*

JOSÉ CASSIOLATO *(Brasilien), emeritierter Professor an der Bundesuniversität von Rio de Janeiro, ehemaliger Staatssekretär im Ministerium für Wissenschaft und Technologie.*

SILVIA CATALDI *(Italien), Soziologin an der Universität La Sapienza in Rom, Animatorin der Gruppe Social One.*

PHILIPPE CHANIAL, *Soziologieprofessor an der Université de Caen-Normandie, Chefredakteur von La Revue du MAUSS.*

FRANÇOIS CHATEAURAYNAUD, *Studiendirektor an der École des hautes études en sciences sociales, Leiter der Gruppe für pragmatische und reflexive Soziologie.*

HERVÉ CHAYNEAUD-DUPUY, *Betreiber der Ateliers de la citoyenneté.*

ÈVE CHIAPELLO, *Forschungsdirektorin an der École des hautes études en sciences sociales, wo sie den Lehrstuhl für die Soziologie der Transformationen des Kapitalismus innehat.*

NOAM CHOMSKY *(USA), emeritierter Professor für Linguistik am Massachusetts Institute of Technology (MIT).*

PHILIPPE CIBOIS, *emeritierter Soziologieprofessor der Université de Versailles-Saint-Quentin-en-Yvelines.*

SÉBASTIEN CLAEYS, *Philosoph, Mediator im Espace éthique/Île-de-France.*

DENIS CLERC, *Wirtschaftswissenschaftler, Gründer der Monatszeitschrift Alternatives économiques, die er zwanzig Jahre lang geleitet hat.*

GABRIEL COHN *(Brasilien), emeritierter Soziologieprofessor der Universität von São Paulo.*

GABRIEL COLLETIS, *Professor für Wirtschaftswissenschaften an der Université de Toulouse-1 Capitole.*

CATHERINE COLLIOT-THÉLÈNE, *politische Philosophin, Professorin an der Université de Rennes.*

JOSETTE COMBES, *Soziolinguistin, Vorsitzende des Mouvement pour l'économie solidaire und Delegierte des interkontinentalen Netzwerks für solidarische Sozialwirtschaft (RIPESS).*

CHRISTIAN COMÉLIAU, *Honorarprofessor am Institut universitaire d'études du développement der Universität Genf.*

EUGENIA CORREA *(Mexiko), Professorin für Wirtschaftswissenschaft an der autonomen Nationaluniversität von Mexiko, Mitglied der mexikanischen Akademie der Wissenschaften.*

SÉRGIO COSTA *(Brasilien, Deutschland), Soziologieprofessor an der Freien Universität Berlin.*

THOMAS COUTROT, *Statistiker und Wirtschaftswissenschaftler, Ko-Vorsitzender von Attac France (2009-2016).*

FLORIAN COUVEINHES-MATSUMOTO, *Dozent für öffentliches Recht an der École normale supérieure (Ulm).*

DANIEL CUEFF, *Bürgermeister von Langouet, einer seit 1999 sozialökologisch engagierten Gemeinde.*

ÉRIC DACHEUX, *Professor für Informations- und Kommunikationswissenschaften an der Université Clermont-Auvergne.*

JEAN-YVES DAGNET, *Autor, Regisseur und Vortragsredner zu den Themen Entwicklung der Landwirtschaft und des ländlichen Raumes.*

FRANCIS DANVERS, *emeritierter Professor für Lernpsychologie der Université de Lille.*

MIREILLE DELMAS-MARTY, *Juristin, Honorarprofessorin am Collège de France, Mitglied der Académie des sciences morales et politiques.*

FEDERICO DEMARIA (Spanien), *Ökologischer Ökonom an der autonomen Universität von Barcelona.*

PHILIPPE DESCOLA, *Anthropologe, emeritierter Professor am Collège de France.*

ERICA DEUBER ZIEGLER (Schweiz), *Kunsthistorikerin und Politikerin, Honorarprofessorin an Universitäten.*

JEAN-CLAUDE DEVÈZE, *Agronom, Mitglied des Pacte civique und von Démocratie et Spiritualité.*

FRANÇOIS DOLIGEZ, *Agrarwirtschaftler am IRAM.*

JEAN-PHILIPPE DOMECQ, *Romancier und Essayist.*

PIERPAOLO DONATI (Italien), *Soziologe, Professor an der Universität von Bologna, ehemaliger Vorsitzender des italienischen Soziologenverbandes.*

MICHAEL DREILING (USA), *Professor für politische und Umweltsoziologie, Leiter des Fachbereichs Soziologie an der University of Oregon.*

FRANÇOIS DUBET, *Soziologe, war Studienleiter an der École des hautes études en sciences sociales und Professor an der Université de Bordeaux.*

STÉPHANE DUFOIX, *Soziologieprofessor an der Université Paris-Nanterre, leitendes Mitglied am Institut universitaire de France (IUF).*

DANY-ROBERT DUFOUR, *Philosoph, Universitätsprofessor.*

JEAN-PIERRE DUPUY, *Professor an der Stanford University.*

TIMOTHÉE DUVERGER, *außerordentlicher Dozent am Sciences Po Bordeaux und im Centre Émile Durkheim, spezialisiert auf solidarische Sozialwirtschaft, Wachstumsrücknahme und Grundeinkommen.*

SHIRIN EBADI (Iran), *Richterin, Friedensnobelpreisträgerin 2003.*

ADALBERT EVERS (Deutschland), *emeritierter Professor am Centrum für soziale Investitionen und Innovationen (CSI) der Universität Heidelberg.*

EMMANUEL FABER, *Geschäftsführer von Danone.*

OLIVIER FAVEREAU, *emeritierter Professor für Wirtschaftswissenschaften an der Université Paris-Nanterre.*

ANDREW FEENBERG (USA), Technikphilosoph, Inhaber des Canadian Research Chair in Philosophy of Technology an der Simon Fraser University von Vancouver.

CHRISTIAN FELBER (Österreich), Initiator der Bewegung Gemeinwohl-Ökonomie.

FRANCESCO FISTETTI (Italien), Professor für zeitgenössische Philosophie an der Universität Bari.

ANNE-MARIE FIXOT, Universitätsprofessorin, Geographin (Caen).

DAVID FLACHER, lehrt Wirtschaftswissenschaft an der Université de technologie de Compiègne, Sprecher der Bewegung Utopia.

FRANÇOIS FLAHAULT, Philosoph, emeritierter Forschungsdirektor am CNRS.

FABRICE FLIPO, Philosoph, Lehrkraft am IMT – BS (Institut Mines-Télécom Business School).

JEAN-BAPTISTE DE FOUCAULD, ehemaliger Direktor des Staatlichen Planungskommisariats.

CHRISTOPHE FOUREL, Wirtschaftswissenschaftler, Vorsitzender des Vereins der Leser von Alternatives économiques.

PAULO FRACALANZA (Brasilien), Leiter des Wirtschaftsinstituts der Universidade Estadual de Campinas (Unicamp), São Paulo.

STÉPHANE DE FREITAS, Filmemacher (À voix haute. La force de la parole), Sozialunternehmer.

PHILIPPE FRÉMEAUX, Leitartikler des Magazins Alternatives économiques, Vorsitzender des Institut Veblen.

EMMANUEL GABELLIERI, Dozent und Doktor der Philosophie, Vize-Rektor der Forschungsabteilung an der katholischen Universität Lyon.

JEAN GADREY, Honorarprofessor für Wirtschaftswissenschaft an der Université de Lille.

NOEMI GAL-OR (Kanada), Professorin für Politik und internationales Recht an der Université polytechnique Kwantlen.

VINCENT DE GAULEJAC, Universitätsprofessor, Vorsitzender des internationalen Netzwerks für klinische Soziologie.

François Gauthier *(Kanada, Schweiz), Professor für Religionssoziologie am sozialwissenschaftlichen Fachbereich der Universität Fribourg.*

Susan George *(USA, Frankreich), Politologin, Ehrenvorsitzernde von Attac und Vorsitzende des Aufsichtsrat des Transnational Institute.*

François Gèze, *Geschäftsführer des Verlags La Découverte von 1982 bis 2014.*

Chiara Giaccardi *(Italien), Soziologieprofessorin an der katholischen Universität Mailand.*

Gaël Giraud, *Wirtschaftswissenschaftler, Mitglied der Jesuiten, ehemaliger Leiter der Agence française de développement.*

Katherine Gibson *(Australien), Wirtschaftsgeographin, Professorin an der Western Sidney University.*

Pascal Glémain, *Manager, Ökonom und Lokalentwickler (Université Rennes-2, Li RIS).*

Vincent Glenn, *Filmemacher, Regisseur.*

Maja Göpel *(Deutschland), Professorin für politische Ökonomie an der Leuphana Universität Lüneburg, Generalsekretärin des Wissenschaftlichen Beirats der Bundesregierung Globale Veränderungen (WBGU).*

Roland Gori, *Honorarprofessor für klinische Psychopathologie an der Université d'Aix-Marseille und Vorsitzender von Appel des appels.*

Philip Gorski *(USA), Soziologieprofessor an der Yale University.*

Daniel Goujon, *Dozent für Wirtschaftswissenschaften an der Université Jean Monnet in Saint-Étienne.*

Jean-Marie Gourvil *(Kanada, Frankreich), ehemaliger Studienleiter am Institut régional du travail social (IRTS) der Normandie.*

David Graeber *(USA), Professor an der London School of Economics and Political Science, Anthropologe und anarchistischer Aktivist.*

Jean-Édouard Grésy, *Rechtsanthropologe, Mitbegründer der Praxis AlterNego, spezialisiert auf inklusives Management und sozialen Dialog.*

ANDRÉ GRIMALDI, *Diabetologe, Chefarzt im Hôpital de la Pitié-Salpêtrière.*

JEAN-CLAUDE GUILLEBAUD, *Schriftsteller, Essayist und Journalist, Träger des Albert-Londres-Preises.*

PATRICE GUILLOTREAU, *Professor für Wirtschaftswissenschaften an der Université de Nantes.*

ROBERTE HAMAYON, *Anthropologin, Studienleiterin an der École pratique des hautes études.*

SARI HANAFI *(Palästina), Leiter des Fachbereichs Soziologie an der amerikanischen Universität von Beirut, amtierender Präsident der International Sociological Association (ISA) und Vizepräsident der Arab Sociological Association.*

KEITH HART *(Vereinigtes Königreich), Wirtschaftsanthropologe, internationaler Leiter des Human Economy Programm an der Universität von Pretoria in Südafrika.*

ARMAND HATCHUEL, *Professor für Management Science an der École des mines de Paris.*

EIJI HATTORI *(Japan), Professor, Berater des Vorsitzenden der Japan Society for Global System and Ethics.*

BENOÎT HEILBRUNN, *Philosoph und Professor an der École supérieure de commerce de Paris.*

AXEL HONNETH *(Deutschland), Philosoph und Soziologe, ehemaliger Leiter des Instituts für Sozialforschung in Frankfurt und Professor an der Columbia University (New York).*

DICK HOWARD *(USA), Philosoph, Distinguished Professor an der Stony Brook University.*

MARC HUMBERT, *emeritierter Professor für Volkswirtschaftslehre an der Université Rennes-1.*

EVA ILLOUZ *(Israel, Frankreich), Soziologin, Studiendirektorin an der École des hautes études en sciences sociales.*

DANIEL INNERARITY *(Spanien), Philosophieprofessor an der Universität von Saragossa.*

AHMET INSEL *(Türkei), emeritierter Professor der Galatasaray-Universität (Istanbul).*

FLORENCE JANY-CATRICE, *Wirtschaftswissenschaftlerin, Universitätsprofessorin.*

ISABELLE JARRY, *Romanautorin, Essayistin.*

BÉATRICE *und* JEAN-PAUL JAUD, *Dokumentarfilmer und Aktivisten.*

BOB JESSOP *(UK), emeritierter Soziologieprofessor an der University of Lancaster.*

ZHE JI *(China, Frankreich), Soziologieprofessor am Institut national des langues et civilisations orientales und Leiter des Centre d'études interdisciplinaires sur le bouddhisme.*

HANS JOAS *(Deutschland), Soziologieprofessor an der Humboldt Universität Berlin und an der Universität von Chicago.*

K. J. JOSEPH *(Indien), Professor, Leiter des Gulati Institute of Finance and Taxation, Thiruvananthapuram, Kerala, Indien.*

STEPHEN KALBERG *(USA), Soziologieprofessor an der Universität Boston.*

GIORGOS KALLIS *(Spanien), Professor für Umweltökonomie an der autonomen Universität von Barcelona.*

MAKOTO KATSUMATA *(Japan), Wirtschaftswissenschaftler, emeritierter Professor an der Meiji Gakuin-Universität (Tokio).*

HERVÉ KEMPF, *französischer Journalist und Schriftsteller, derzeit Chefredakteur von Reporterre.*

FARHAD KHOSROKHAVAR *(Iran, Frankreich), Soziologe und Philosoph, Studiendirektor an der École des hautes études en sciences sociales.*

SEIICHI KONDO *(Japan), Diplomat, ehemaliger stellvertretender Generalsekretär der OECD und Leiter des Kondo Institute for Culture and Diplomacy.*

ASHISH KOTHARI *(Indien), Umweltaktivist, Gründer der NGO Kalpavriksha.*

IRÈNE KOUKOUI *(Benin), Vorsitzende des Netzwerks Femmes leaders du Bénin, stellvertretende Kabinettchefin des Erziehungsministers von Benin.*

JACINTO LAGEIRA, *Professor für Kunstphilosophie und Ästhetik an der Université Paris-1 Panthéon-Sorbonne.*

KAMAL LAHBIB *(Marokko), Aktivist und treibende Kraft der maghrebinischen Zivilgesellschaft, Gründer und/oder Betreiber zahlreicher NGOs, Organisator des Forum social Maghreb 2005.*

KARIM LAHIDJI *(Iran), Jurist und Anwalt, war Vorsitzender der Internationalen Liga für Menschenrechte (2013-2016).*

ELENA LASIDA, *Soziologin, Professorin am Institut catholique de Paris.*

HELENA LASTRES *(Brasilien), wissenschaftliche Mitarbeiterin an der Bundesuniversität von Rio de Janeiro, ehemalige Beisitzerin des Präsidenten der brasilianischen Nationalbank für wirtschaftliche und soziale Entwicklung (2007-2016).*

BRUNO LATOUR, *Soziologe, Anthropologe und Wissenschaftsphilosoph, Professor am Sciences Po Paris.*

CAMILLE LAURENS, *Schriftstellerin, Lehrkraft am Sciences Po Paris*

MARC LAUTIER, *Professor für Wirtschaftswissenschaften an der Université Rennes-2.*

CHRISTIAN LAVAL, *emeritierter Soziologieprofessor an der Université Paris-Nanterre.*

JEAN-LOUIS LAVILLE, *Soziologe, Professor, Inhaber des Lehrstuhls für solidarische Wirtschaft am CNAM.*

WILLIAM LAZONICK *(USA), emeritierter Professor für Wirtschaftswissenschaft an der University of Massachusetts, Vorsitzender von The Academic-Industry Research Network.*

CHRISTIAN LAZZERI, *Professor für zeitgenössische Philosophie an der Université Paris-Nanterre.*

FRÉDÉRIC LEBARON, *Soziologieprofessor an der École normale supérieure Paris-Saclay.*

ERWAN LECŒUR, *Soziologe und politischer Kommunikationsberater.*

JACQUES LECOMTE, *Ehrenvorsitzender der Association française de psychologie positive.*

CLAUS LEGGEWIE *(Deutschland), Professor für Politikwissenschaft an der Universität Gießen, ehemaliger Direktor des KWI Essen.*

Jacques Le Goff, emeritierter Professor für öffentliches Recht an der Université de Brest.

Martin Legros, Philosoph und Journalist, Chefredakteur des Philosophie magazine.

Stephan Lessenich (Deutschland), Soziologieprofessor an der LMU München, ehemaliger Vorsitzender der Deutschen Gesellschaft für Soziologie.

Didier Livio, Gründer der Gesellschaft Synergence.

Agnès Lontrade, Dozentin an der École des arts de la Sorbonne.

Helena Lopes (Portugal), Professorin für Wirtschaftswissenschaft am ISCTE-Institut universitaire de Lisbonne.

Eric Lybeck (UK), Soziologieprofessor an der University of Manchester, Herausgeber der Zeitschrift Civic Sociology.

Mauro Magatti (Italien), Professor an der katholischen Universität von Mailand, Leiter des Centre for the Anthropology of Religion and Cultural Change (ARC).

Rasigan Maharajh (Südafrika), leitender Direktor des Institute for Economic Research on Innovation, Tshwane University of Technology.

Gilles Maréchal, Mitbegründer von Élan créateur und Berater von Terralim über lokale Ernährungssysteme.

Francisca Marquez (Chile), Professorin an der Alberto-Hurtado-Universität (Santiago de Chile), Kultur- und Stadtanthropologin.

Paulo Henrique Martins (Brasilien), Soziologieprofessor an der Bundesuniversität von Pernambuco, ehemaliger Vorsitzender des lateinamerikanischen Soziologenverbandes.

Danilo Martuccelli (Chile-Frankreich), ehemaliger Professor für Soziologie an der Université Paris-Descartes, leitendes Mitglied des Institut universitaire de France, Forscher am Instituto de estudios avanzados de la universidad de Santiago de Chile.

Gus Massiah, Ingenieur und Wirtschaftswissenschaftler, einer der Initiatoren der Antiglobalisierungsbewegung.

DOMINIQUE MÉDA, *Soziologieprofessorin, Leiterin des Institut de recherche interdisciplinaire en sciences sociales an der Université Paris-Dauphine.*

MARGUERITE MENDELL *(Kanada), Professorin am Fachbereich für öffentliche und gemeinschaftliche Angelegenheiten der Concordia-Universität in Montreal und Leiterin des Institut Karl Polanyi.*

MAURICE MERCHIER, *Honoraprofessor für Sozialwissenschaften in Vorbereitungsklassen.*

PASCALE MÉRIOT, *Hochschullehrerin an der Faculté des sciences économiques de Rennes und Forscherin am LiRIS.*

JEAN-CLAUDE MICHÉA, *Philosoph und Essayist.*

HENRY MINTZBERG *(Kanada), Schriftsteller und Pädagoge, Professor für Betriebswirtschaftslehre und Management an der McGill University (Montréal).*

PIERRE-OLIVIER MONTEIL, *Philosoph, wissenschaftlicher Mitarbeiter am Fonds Ricœur, Lehrender für Ethik an der Université Paris-Dauphine und am ESCP Europe.*

EDGAR MORIN, *Soziologe, Philosoph und Mediologe, emeritierter Forschungsdirektor am CNRS.*

CHANTAL MOUFFE *(Belgien, UK), politische Philosophin, Professorin an der University of Westminster (London).*

FATOU NDOYE *(Senegal), Koordinatorin von Dialogues en humanité im Senegal.*

JULIE NELSON *(USA), feministische Ökonomin, Professorin für Wirtschaftswissenschaften an der University of Massachusetts (Boston).*

RICHARD NELSON *(USA), emeritierter Professor für Wirtschaftswissenschaften an der Columbia University (New York).*

PIERRE NICOLAS, *politischer Philosoph.*

JUN NISHIKAWA *(† Japan), war Professor an der Waseda-Universität, Volkswirt für Entwicklung und Globalisierung.*

OSAMU NISHITANI *(Japan), Philosoph, emeritierter Professor der fremdsprachlichen Universität von Tokio und Lehrkraft für transdisziplinäre Studien zum Wandel der heutigen Welt.*

DEBORA NUNES *(Brasilien), Städteplanerin und Architektin, Mitbegründerin des Netzwerks der Fachleute für solidarische Sozialwirtschaft (REDE in Salvador de Bahia), Gründerin der Schule für integrale Nachhaltigkeit oder integrative Ökologie.*

UGO OLIVIERI *(Italien), Professor für italienische Literatur an der Universität Neapel Federico II.*

PATRICE PARISÉ, *Brücken- und Straßenbauingenieur, ehemaliger Vizepräsident des Conseil général de l'environnement et du développement durable.*

ANDREA RICARDO DO PASSO MAGNELLI, *Soziologe, außerordentlicher Professor an der Universität von São Bento do Rio de Janeiro (FSB – RJ).*

SUSAN PAULSON *(USA), Professorin und Direktorin für Lateinamerikastudien an der Universität von Florida.*

ANTOINE PEILLON, *investigativer Journalist.*

CORINE PELLUCHON, *Philosophieprofessorin an der Université Paris-Est Marne-la-Vallée.*

LAURA PENNACCHI *(Italien), Wirtschaftswissenschaftlerin, Leiterin der Fondation Lelio Basso und Koordinatorin des National Economy Forum der CGIL.*

ALFREDO PENA-VEGA, *Soziologe, Lehrer an der École des hautes études en sciences sociales und am Centre Edgar Morin, Koordinator des Tribunal international de la nature.*

BERNARD PERRET, *Sozialökonom und Essayist, Mitglied des Redaktionskomitees der Zeitschrift Esprit, ehemaliges Mitglied der Generalinspektion des Umweltministeriums.*

JACQUES PERRIN, *emeritierter Forschungsdirektor für Wirtschaftswissenschaften am CNRS.*

PASCAL PETIT, *emeritierter Forschungsdirektor für Wirtschaft am CNRS*

ELIMAR PINHEIRO DO NASCIMENTO *(Brasilien), Professor für politische und Umweltsoziologie an der Universität von Brasília.*

Ilaria Pirone, *klinischer Psychologe, Psychoanalytiker, lehrt Erziehungswissenschaften an der Université Paris-8.*

Geoffrey Pleyers (*Belgien*), *Professor an der katholischen Universität Leuwen, Vizepräsident des internationalen Soziologenverbandes.*

Kari Polanyi Levitt (*Kanada*), *emeritierte Professorin für Wirtschaftswissenschaften an der McGill University (Montréal).*

Serge Proulx (*Kanada*), *emeritierter Professor am UQAM (Montréal).*

Elena Pulcini (*Italien*), *Professorin für Sozialphilosophie an der Universität von Florenz.*

P. V. Rajagopal (*Indien*), *ghandiistischer Aktivist, ehemaliger Vorsitzender der Gandhi Peace Foundation (New Delhi).*

Henri Raynal, *Dichter, Philosoph und Kunstkritiker.*

Michel Renault, *Lehr- und Forschungsbeauftragter an der der Université Rennes-1, arbeitet an Indikatoren für Wohlstand und nachhaltige Entwicklung.*

Yves Renoux, *Sportlehrer und Ausbilder bei der Fédération sportive et gymnique du travail.*

Robin Renucci, *Leiter der Tréteaux de France, Vorsitzender des Vereins der Centres dramatiques nationaux und des Vereins der Rencontres internationales artistiques.*

Myriam Revault d'Allonnes, *Philosophin, emeritierte Professorin an der École pratique des hautes études.*

Emmanuel Reynaud, *Soziologe, ehemaliger Spitzenbeamter der Internationalen Arbeitsorganisation.*

Matthieu Ricard, *Biologe, tibetanischer Buddhistenmönch, Fotograf, Französischdolmetscher des Dalaï-Lama.*

Marie-Monique Robin, *investigative Journalistin, französische Filmemacherin und Schriftstellerin.*

Hartmut Rosa (*Deutschland*), *Soziologieprofessor an der Universität Jena.*

Guy Roustang, *ehemaliger Forschungsdirektor am LEST – CNRS.*

MARSHALL SAHLINS (USA), *Anthropologe, emeritierter Professor an der University of Chicago.*

EMERSON SALES (Brasilien), *Professor für Physik und Chemie an der Bundesuniversität von Bahia, Koordinator des Rede de Tecnologias Limpas und des Laboratório de bioenergia e catálise.*

ARIEL SALLEH (Australien), *Aktivistin und Professorin an der Universität von Sydney.*

CHRISTIAN SALMON, *Schriftsteller und Forscher, Gründer des Internationalen Schriftstellerparlaments (1993).*

SASKIA SASSEN (Niederlande, USA), *Wirtschaftswissenschaftlerin und Soziologin, Professorin an der Columbia University (New York) und der London School of Economics.*

OLIVIER DE SCHUTTER (Schweiz), *Juraprofessor an der Universität Leuwen, Mitglied des Comité pour les droits économiques, sociaux et culturels (UNO).*

BLANCHE SEGRESTIN, *Managementprofessorin an der École des mines de Paris.*

JEAN-MICHEL SERVET, *Wirtschaftswissenschaftler, Honorarprofessor für Entwicklungsstudien am Institut de hautes études internationales et du développement (Genf).*

PABLO SERVIGNE, *Agraringenieur, Essayist Kollapsologe an der Freien Universität Brüssel.*

HUGUES SIBILLE, *Vorsitzender des Labo de l'École sociale et solidaire und der Stiftung Crédit coopératif, ehemaliger interministerieller Vertreter.*

SIDDHARTA (Indien), *Gründer und Leiter des interkulturellen Zentrums Fireflies (ein Ashram) in Bangalore und geschäftsführender Direktor von Pipal Tree.*

ILANA SILBER (Israel), *emeritierte Soziologieprofessorin an der Bar-Ilan-Universität.*

DAMIR SKENDEROVIC (Schweiz), *Professor für Zeitgeschichte an der Universität von Fribourg.*

GUILLAUME DU SOUICH, *Maler, ehemaliger Ko-Vorsitzender und Sprecher des Mouvement de la Paix.*

BOAVENTURA DE SOUSA SANTOS *(Portugal), Soziologe, Professor an der Wirtschaftsfakultät der Universität von Coimbra.*

FRÉDÉRIC SPINHIRNY, *Philosoph, Personalchef am Universitätskrankenhaus Necker-Enfants malades (Paris).*

ROBERT SPIZZICHINO, *Stadtbauingenieur, Mitglied des Conseil de développement de la métropole du Grand Paris.*

ROGER SUE, *Soziologe, Professor an der Université de Paris.*

BRUNO TARDIEU, *Dauervolontär bei ATD Quart Monde, Leiter des Centre de mémoire et de recherche Joseph Wresinski.*

ANDRÉ TEISSIER DU CROS, *Ingenieur, Ökonom und Schriftsteller, Ehrenvorsitzender des Comité Bastille.*

MICHEL TERESTCHENKO, *Philosoph, Dozent an der Université de Dijon und bei Sciences Po Aix-en-Provence.*

BRUNO THÉRET, *Wirtschaftswissenschaftler, emeritierter Forschungsdirektor am CNRS.*

JACQUES TOLEDANO, *Umweltaktivist, Betreiber des Vereins Les Amis du Monde diplomatique (Grenoble).*

CATHERINE TOUVREY, *Generaldirektorin von Harmonie Mutuelle, Leiterin Versicherung und Finanzschutz der Versicherungsgruppe VYV.*

SERGE TRACQ, *Sportlehrer und Ausbilder der Fédération sportive et gymnique du travail.*

FLORENT TROCQUENET-LOPEZ, *Literaturprofessor für Vorbereitungsklassen, Journalist und Kolumnist beim Magazin Socialter.*

PATRICK TUDORET, *Romancier und Essayist.*

JEAN-JACQUES TYSZLER, *Psychiater und Psychoanalytiker, leitender Arzt am Centre médico-psychopédagogique der Mutuelle générale de l'Éducation nationale (Paris).*

FRÉDÉRIC VANDENBERGHE *(Belgien, Brasilien), Soziologe, Professor an der Bundesuniversität von Rio de Janeiro.*

Jean-François Véran (Frankreich, Brasilien), Anthropologe, Professor an der Bundesuniversität von Rio de Janeiro.

Jean-Luc Veyssy, Philosoph, Leiter des Verlags Le Bord de l'eau.

Bruno Viard, emeritierter Professor für französische Literatur an der Université d'Aix-en-Provence.

Denis Vicherat, Leiter des Verlags Utopia.

Patrick Vieu, Berater der Vizepräsentin des Generalrats für Umwelt und nachhaltige Entwicklung im französischen Umweltministerium.

Daniel Villavicencio (Mexiko), Professor für Innovationssoziologie an der Universidad Autónoma Metropolitana von Mexiko.

Jean-Louis Virat, pensionierter Wirtschaftsprüfer, Betreiber von Laboratoire de la transition, Écologie au quotidien.

Patrick Viveret, Philosoph, ehrenamtlicher Richter am Cour des comptes.

Nathanaël Wallenhorst, Dozent und Forscher an der Université catholique de l'Ouest (Angers).

Juliette Weber, Lehr- und Forschungsbeauftragte am Observatoire du groupe Macif.

Chico Whitaker (Brasilien), Architekt, Aktivist der brasilianischen Arbeiterpartei, Mitbegründer des Weltsozialforums, ehemaliger Geschäftsführer der Kommission Gerechtigkeit und Frieden in Brasilien.

Hitoshi Yakushiin (Japan), Soziologieprofessor an der Tezukayama Gakuin-Universität (Osaka).

Joëlle Zask, politischer Philosoph, lehrt an der Université d'Aix-Marseille.

Valérie Zenatti, Schriftstellerin, Drehbuchautorin.

Lun Zhang (China, Frankreich), Soziologe, Mitorganisator der Demonstrationen auf dem Tiananmen-Platz (1989), Professor für chinesische Zivilisation an der Université de Cergy-Pontoise und an der École des hautes études en sciences sociales.

JEAN ZIEGLER *(Schweiz), Politiker und globalisierungskritischer Soziologe, Vizepräsident des Beratenden Ausschusses des Menschenrechtsrats der UN.*

LUIGI ZOJA, *Psychoanalytiker, Soziologe und Schriftsteller, ehemaliger Vorsitzender des Centro italiano di psicologia analitica (1984-1993) und der International Association of Analytical Psychology (1998-2001).*

Konvivialismus 2.0: Ein Nachwort

Frank Adloff und Sérgio Costa

Das erste konvivialistische Manifest, das 2013 zunächst in französischer Sprache erschien und danach in verschiedene Sprachen übersetzt wurde, setzte vielfältige Diskussionen in Gang, die zwar die Kernbotschaften des Manifests aufrechterhalten, sich aber zugleich mit lokalen Begrifflichkeiten und konkreten politischen Ansprüchen vor Ort verknüpft haben. Wurde beispielsweise das Manifest in Deutschland vor allen im Zusammenhang mit Diskussionen um Zivilgesellschaft, Nachhaltigkeit und Postwachstum rezipiert (Adloff/Heins 2015; Adloff 2018), ist es in Brasilien vor allem als eine Antwort auf die politische Polarisierung und die damit zusammenhängende Erosion des gesellschaftlichen Miteinanders gedeutet worden (Caillé/Vandenberghe 2016).

Das erste Manifest entstand in einem Moment, in dem vielfältige und differenzierte Diskussionen auf theoretischer Ebene um Begriffe wie Convivialisme, Conviviality, Konvivenz, Konvivialität geführt wurden (für einen Überblick: Costa 2019). Das vorliegende zweite Manifest – auch wenn es dies nicht explizit thematisiert – versucht, diesen neu vorgenommenen Deutungen Rechnung zu tragen. Gleichzeitig ist das zweite Manifest – mehr als das erste – vom Interesse geleitet, Möglichkeiten für transformative Einmischungen nachzuzeichnen.

Mit diesem Nachwort möchten wir einen Überblick über neuere theoretische und politische Entwicklungen geben, der es den Leserinnen und Lesern ermöglichen soll, das zweite Manifest theoretisch und politisch besser einzuordnen. Wir beginnen (1) mit einer Zusammenfassung der jüngsten theoretischen Debatten um Konvivialismus und Konvivialität. Anschließend

(2) behandeln wir neuere politische Entwicklungen vor allem in Deutschland, die auf die Hürden, aber auch Chancen einer konvivialistischen Zukunft blicken lassen. Schließlich (3) gehen wir auf mögliche Implikationen der im Frühjahr 2020 ausgebrochenen Corona-Pandemie für das konvivialistische Programm ein. Als das zweite Manifest verfasst wurde, war der Ausbruch der Pandemie noch nicht absehbar. Im Sinne des Konvivialismus als ein kontinuierlich zu ergänzendes Programm scheint es uns allerdings in diesem Nachwort unentbehrlich, die durch die Corona-Krise hervorgebrachte Zäsur in Formen unseren Zusammenlebens, wenn auch nur kursorisch, zu thematisieren.

Convivialisme, Conviviality, Konvivialität

Ausgehend vom heutigen Diskussionsstand stimmt die Behauptung nicht mehr, dass *Convivialisme* ein normativ-politisches Programm darstellt, während theoretisch-analytische Ansprüche eher mit dem Begriff *Conviviality* zu verbinden sind (Costa 2018). Einerseits ist der normative Anspruch vieler Beiträge im Rahmen der Conviviality-Debatten nicht wegzudenken (siehe u.a. Berg/Novicka 2019). Andererseits werden Convivialisme und Conviviality in ihren Übersetzungen in verschiedene Sprachen oft zusammengeführt, sodass beide Begriffe nicht mehr voneinander zu trennen sind, wie sich in der Verwendung von Konvivialität (Adloff 2018) oder Konvivenz (Ette 2012) in der deutschen Sprache exemplarisch beobachten lässt. Damit können die gegenwärtigen Diskussionen um Konvivialität eher nach unterschiedlichen Forschungskontexten als nach dem jeweils präferierten Begriff eingeordnet werden. Es lassen sich mindestens drei verschiedene und weitgehend sich gegenseitig ergänzende Forschungskontexte erkennen, in denen Konvivialität verschiedene Bedeutungen und Funktionen annimmt: fragile

Konvivialitäten, posthumane Konvivialitäten, zähmende Konvivialitäten.[1]

Fragile Konvivialitäten

Der britische Soziologe Paul Gilroy (2004) war vielleicht der erste zeitgenössische Autor, der das von Ivan Illich (1975) in die Geistes- und Sozialwissenschaften eingeführte Konzept der Conviviality aufgriff, um Antworten auf gegenwärtige Herausforderungen eines multikulturellen Zusammenlebens zu suchen. Mit dem Verweis auf Konvivialität will Gilroy zuerst dem Begriff der kulturellen Identität die Plausibilität entziehen, da es bei sozialen Interaktionen, so Gilroy, nicht um die Reproduktion vorpolitischer Identitäten, sondern um die Aushandlungen von Positionen und Ansichten geht, die sich dynamisch und kontextabhängig entwickeln. Demzufolge darf die Antwort auf das Scheitern des liberalen Multikulturalismus in Europa nicht zur Ablehnung der faktischen Multikulturalität (*multiculture*) führen, wie sie Nationalist*innen betreiben. Auch der abstrakte Appell an die vermeintlich gemeinsame Geschichte Europas als soziale Ligatur der diversen Bevölkerungsgruppen Europas, wie die neokantianischen Kosmopoliten es vorschlagen (z.B. Habermas 2004), sei keine Lösung. Denn für einen großen Teil der gegenwärtigen Bevölkerung Europas ist dessen Geschichte eher mit der Erfahrung ihrer Vorfahren verbunden, die die Europäer*innen als Sklavenhändler*innen und Kolonial- oder Besatzungsmächte kennengelernt haben. Aus diesem Grund sucht Gilroy nach alltäglich konvivialen Kontexten, in denen das Zusammenleben mit und in der Diversität gelingt. Dabei verschwinden gesellschaftlicher Rassismus oder Sexismus nicht, stehen aber nicht mehr im Mittelpunkt der Interaktionen. Damit ist

1 | Diese Einordnung der Diskussionen aktualisiert Argumente, die in Costa (2019) ausgeführt werden.

> »[c]onviviality [...] a social pattern in which different metropolitan groups dwell in close proximity, but where their racial, linguistic and religious particularities do not [...]« (Gilroy 2006: 40).

Eine mittlerweile kaum mehr überschaubare Fülle von Studien im Bereich der Migrationsforschung greift implizit oder explizit Gilroys Ausführungen zu Konvivialität auf, um horizontale, »fragile and changing« (Heil 2015: 317) Interaktionsformen in und zwischen Gruppen zu beschreiben. Anfangs vornehmlich auf Europa konzentriert, kann heute diese Anwendung der Konvivialitätsperspektive in Studien zu Alltagsinteraktionen in verschiedenen Weltregionen beobachtet werden (vgl. u.a. Gebre/Ohta/Mata 2017).

Mehr noch als ein Hinweis auf soziale Umfelder, in denen horizontale Interaktionsmuster vorherrschen, fungiert Konvivalität in verschiedenen Studien als Ersatz für den etablierten soziologischen Gesellschaftsbegriff. Dieser zeigt nämlich deutliche Grenzen in der Beschreibung lokaler Gesellschaftsformationen, in denen klassische soziologische Binaritäten wie Gemeinschaft und Gesellschaft (Tönnies) oder organische und mechanische Solidarität (Durkheim) keine Anwendung finden können. Karner und Parker (2011) etwa dokumentieren in ihrer Untersuchung in einem von Migrant*innen geprägten Ort in der britischen Stadt Birmingham, dass die dort beobachteten Vergesellschaftungsmuster nicht durch öffentliche Institutionen oder vorexistierende Werte konstituiert werden, sondern sie sich ad hoc in den konvivialen Interaktionen selbst aufbauen. Ähnliches stellen Ethnolog*innen fest, die Vergesellschaftungsmuster in mehreren indigenen Gesellschaften im Amazonasbecken untersucht haben (Overing/Passes 2000, Rosengreen 2006). Ausgehend von ihren Beobachtungen kritisieren sie die soziologischen Metanarrative, die von einer Trennung von Privatem und Öffentlichem, Formellem und Informellem sprechen.

Demnach sind in der Amazonasregion nicht Institutionen oder das Recht, sondern affektive, persönliche Bindungen und interpersonelles Vertrauen zentral. Deshalb lassen sich diese Sozialitätsformen viel präziser mit dem Begriff Konvivialität als mit dem der Gesellschaft erfassen.

Posthumane Konvivialitäten

In den posthumanen Studien (für einen Überblick siehe Baidrotti 2013) wird Konvivialität zunehmend als ein Schlüsselbegriff verwendet, um die Interdependenzen zwischen Menschen und nicht-menschlichen Entitäten wie Pflanzen, Tieren aber auch Artefakten und Geistern zu erfassen. In diesem umfangreichen Forschungsfeld, zu dem eine Fülle von Disziplinen gehört (von den Computerwissenschaften bis hin zur Geologie, Geographie und Biologie), wird einerseits das anthropozentrische Selbstverständnis moderner wissenschaftlicher Disziplinen in Frage gestellt, andererseits werden technisch-pragmatische Fragen wie die Gestaltung urbaner Räume oder die Entwicklung »nachhaltiger« Technologien aus einer völlig neuen Perspektive betrachtet (vgl. Vetter 2017).[2] So wird in Stadtgeografie und -planung die Stadt als »living city« wiederentdeckt. Demzufolge ist die Stadt entgegen den Bemühungen der Stadtplaner*innen, eine sterile moderne Betonlandschaft zu bauen, als »multispecies entanglement« (Houston et al. 2018) zu betrachten, d.h. als Raum vitaler Interaktionen zwischen Menschen und anderen Lebewesen.

Ein ähnliches Verständnis von Konvivialität als reziproke Abhängigkeiten unterschiedlicher Lebewesen wird vom Archäo-

2 | Im Bereich der posthumanen Forschung wird das Konzept Nachhaltigkeit oft abgelehnt, weil es eine anthropozentrische Idee ist, die nicht primär besagt, dass Menschen und andere Lebewesen auf dem Planeten interdependent leben, sondern dass »earthly processes constitute a mute background for human activities« (Chakrabarty 2019: 20).

logen Given (2017) in der Behandlung des Zusammenlebens im Boden geprägt. Menschen, die den Boden bevölkern, und die Milliarden nicht-menschlicher Wesen, von Bakterien bis hin zu Regenwürmen und Maulwürfen, die täglich dazu beitragen, steriles Gestein in lebendige, fruchtbare Erde zu verwandeln, leben in unwiderruflicher Interdependenz zueinander. An die Stelle von Menschen als Nutzer und Ausbeuter des Bodens tritt hier das Bild der Menschen als Teil eines konvivialen Netzwerks von Akteuren, die in Symbiose leben und den Boden erst zu dem machen, was er ist. Konvivialität und Symbiose lassen sich jedoch nicht, so Given, auf Kooperation reduzieren, da Spannungen und Konflikte ein konstitutiver und notwendiger Bestandteil konvivialer Interaktionen zwischen Menschen und Nichtmenschen und natürlich auch zwischen Nichtmenschen sind. In der Biologie insgesamt hat sich in den letzten Jahren eine Zäsur ereignet (Gilbert/Sapp/Tauber 2012; Folkers/Opitz 2019): Symbiose, also die artenübergreifende Kooperation, erscheint nicht mehr als Ausnahme, sondern als Regel. Sowohl mikrobielle Organismen als auch Netzwerke von Ökosystemen sind als symbiotische Kollektive aufgebaut. Breiter gefasst kann man sagen, dass Symbiose als speziesübergreifendes kooperatives Zusammenleben eine Unterkategorie von Konvivialität bildet (vgl. Adloff 2020).

Menschen leben in Interdependenz nicht nur mit Tieren und Pflanzen, sondern auch mit Artefakten wie Computern, Robotern und Algorithmen wie die Forschung zur künstlichen Konvivialität (artificial conviviality) zeigt. In diesem Forschungsfeld wird Konvivialität meistens in direktem normativen Anschluss an Illich (1975) auf die Einrichtung von Interaktionsmustern zwischen Menschen und Artefakten sowie zwischen Menschen innerhalb von computergestützten Umgebungen (digitale Plattformen, Foren, soziale Medien etc.) bezogen. Damit sind konviviale Informationssysteme durch positive Eigenschaften wie

Schutz der Privatsphäre, Übersichtlichkeit, gesellschaftliche Transparenz, Gemeineigentum und Benutzerfreundlichkeit charakterisiert (Caire 2010).

McQuillan (2016) geht noch einen Schritt weiter und spricht von der Notwendigkeit einer algorithmischen Konvivialität, die darauf zielt, die fetischisierte Objektivität des aus Big Data produzierten Wissens bloßzustellen. Damit warnt er vor einer künstlichen Intelligenz, die den Status quo mitsamt bestehender Vorurteile sowie Wissens- und Machtasymmetrien reproduziert. Zugleich stellt er die Notwendigkeit einer zivilgesellschaftlichen Teilhabe in der Entwicklung von »convivial tools« heraus, um die Macht der Algorithmen und Experten herauszufordern.[3]

Zähmende Konvivialitäten

Der in Kamerun geborene Politologe und Historiker Achille Mbembe (2001) entwickelte eine Deutung von Konvivialität, die sich von den bisher behandelten Varianten stark unterscheidet. Sein zentrales Anliegen ist es, die Herrschaftsstrukturen zu verstehen, die sich in Afrika sowohl während des Kolonialismus als auch nach der nationalen Unabhängigkeit etablierten. Mbembe zufolge sind die unabhängigen Nationalstaaten Afrikas durch eine radikale Pluralität gekennzeichnet, die nicht innerhalb der Parameter eines geordneten politischen Systems regierbar ist. Stattdessen tritt ein autoritäres Herrschaftsmuster ein, das die Gestalt des Obszönen und Grotesken annimmt. Dabei stellt Macht nicht etwas dar, das durch Regeln oder Verfahren legi-

3 | Die Kritik des Expertentums und der Rückgriff auf ein »Wissen von unten« finden ein breites Echo in den Diskussionen um posthumane Konvivialität. Hinchliffe und Whatmore (2006: 131) heben beispielsweise die Bedeutung von Gärtner*innen, Ornitholog*innen, Hobby-Entomolog*innen und Menschen, die auf der Straße leben, in der Wissensproduktion über die »living cities« hervor.

timiert wird und sich in Institutionen herauskristallisiert. Im Gegenteil, die Macht wird durch die Beteiligung der Massen an öffentlichen Ritualen und Zeremonien konstituiert. Somit werden diese Rituale zu Arenen, in denen Sinn und Bedeutungen zwischen Herrschern und Beherrschten geteilt werden. Mit dem Begriff der Konvivialität beschreibt Mbembe diese inszenierte Nähe zwischen Machthabern und den anonymen Massen; Konvivialität entspricht also »dynamics of domesticity and familiarity, inscribing the dominant and the dominated within the same episteme« (Mbembe 2001: 110).

Eine ähnliche Deutung, in der Konvivialität nicht mehr als Ausdruck emanzipatorischer Ansprüche, sondern als Instrument der Zähmung unterdrückter Gruppen verstanden wird, ist in der Arbeit der Soziologin Encarnación Gutiérrez Rodríguez (2010) zu Frauen aus Lateinamerika zu finden, die als Hausangestellte in Europa arbeiten. Eine Hausangestellte leistet zusätzlich zu ihren sichtbaren Diensten unbezahlte affektive Arbeit, da ihre Anwesenheit dazu beiträgt, Wohnungen als konviviale Räume zu gestalten. Die ambivalente Rolle der Konvivialität im Fall von Hausangestellten wird auch von Wasser (2018) in Lateinamerika analysiert. Oft wird dort die Hausangestellte als Freundin oder Mitglied der Familie ihrer Arbeitgeber*innen stilisiert. Wie er für Brasilien jedoch resümiert, führt dies nicht zu einer Entschärfung bestehender Hierarchien, sondern vielmehr zu einer Legitimierung von Asymmetrien des Gebens und Nehmens. Praktiken von Konvivialität, die auf persönlichen Beziehungen beruhen und diese ausnutzen, können also Macht- und Ressourcenungleichgewichte verschleiern und stabilisieren.

Im Rahmen dieser hierarchischen Interaktionen kann Konvivialität erst einen emanzipatorischen Charakter gewinnen, wenn eine »transversal conviviality, based on the acknowledgment of interconnectness and interdependence«, entsteht (Gutiérrez-Rodríguez 2010: 167).

Nach diesem kursorischen Überblick über die jüngsten Entwicklungen verschiedener Konvivialitätsdebatten lässt sich feststellen, dass das zweite konvivialistische Manifest vor allem die Diskussionen um fragile und posthumane Konvivialitäten reflektiert. Dementsprechend thematisiert das Manifest die Spannungen im Zusammenleben pluraler Gesellschaften insbesondere nach dem allenthalben beobachtbaren Rechtsruck: Darauf bietet es auch konkrete Antworten. Die Interdependenzen zwischen Menschen und nicht-menschlichen Entitäten werden im zweiten Manifest ebenfalls – deutlicher noch als im ersten konvivialistischen Manifest – aus einer Perspektive diskutiert, die den in den Wissenschaften und in der Politik weiterhin dominierenden Anthropozentrismus entschieden in Frage stellt. Die Ambivalenzen zähmender Konvivialitäten, die der Legitimierung hierarchischer und asymmetrischer Interaktionen dienen, werden im Manifest dagegen nicht diskutiert. Dies ist durchaus verständlich, weil das Manifest Konvivialität als einen gemeinsamen Nenner unterschiedlicher emanzipatorischer Tendenzen und Bewegungen herausstellt. Dennoch könnte die Berücksichtigung dieser kritischen Perspektive auf Konvivialität weitere dialogische Anschlussmöglichkeiten gegenüber subalternisierten Gruppen (postkoloniale Migrant*innen, Queer-Bewegungen, undokumentierte Arbeiter*innen usw.) bieten. Dieser Aspekt sollte u.E. in kommenden Diskussionen und kontinuierlichen Erweiterungen des Manifests vertieft werden.

Konvivialismus im Jahr 2020

Im Jahr 2014 erschien das erste konvivialistische Manifest in deutscher Übersetzung (Les convivialistes 2014). Seitdem sind uns viele der im ersten Manifest beschriebenen gesellschaftlichen und politischen Problemstellungen erhalten geblieben, andere Entwicklungspfade sind hingegen neu und waren so nicht vorherzusehen. Aktuell erleben wir besonders eine starke Polarisierung von sozialen und politischen Tendenzen. Vor allem die Wahl Donald Trumps zum amerikanischen Präsidenten sticht heraus und hat unter anderem einen Verfall der demokratischen Kultur in den USA mit sich gebracht. »Fake News« ist zum politischen Kampfbegriff zur Desavouierung von Wahrheitsansprüchen avanciert, und die Fronten zwischen Liberalen und Konservativen haben sich in den USA weiter verhärtet. Global hat Trumps Präsidentschaft viele außenpolitische Kontinuitäten in Frage gestellt, sei es durch seine Bereitschaft, Handelskriege zu führen, die Bedeutung der Menschrechte zu relativieren oder durch den Rückzug aus dem Pariser Klimaabkommen. Bruno Latour (2018) hat vor einiger Zeit die These vertreten, dass Trumps Präsidentschaft das erste genuin ökologische Regime darstelle – nur unter umgekehrten Vorzeichen. Denn Trump repräsentiere den Willen, trotz Klimawandel einfach so weiterzumachen wie bisher – damit verlasse er mit seiner fossilen Politik gleichsam den gemeinsam geteilten und begrenzten Raum der Erde. Trumps Politik schert sich nicht um den »safe operating space for humanity« (Rockström et al. 2009). Die Grenzenlosigkeit des Ressourcenverbrauchs ist jedoch nichts Neues, sondern nur eine Kontinuität westlicher Hybris und kapitalistischer Akkumulation, die seit Jahrhunderten auf eine frei verfügbare, billige Natur setzt (Moore 2020). Dem steht eine andere, mittlerweile schon ikonische Figur gegenüber: Greta Thunberg, die Initiatorin der weltweiten »Fridays for Future«-Proteste. Sie hat den Klimawandel wie keine andere Person weltweit ins Bewusstsein der Öffentlichkeit gebracht. Trumps Planet kennt keine Grenzen, Thunbergs Erde zittert unter der Last des Menschen.

Solche Polarisierungen sehen wir allenthalben. Beobachtete man im Sommer 2015 angesichts der nach Deutschland kommenden Geflüchteten noch eine breite Bewegung der Solidarität und eine Willkommenskultur, schlug die Stimmung schon bald um, und die AfD konnte mit nationalistischen und rassistischen Positionen punkten. Mittlerweile ist sie in allen Landtagen vertreten und Deutschland ist nach rechts gerückt. Doch zugleich engagieren sich weite Teile der Zivilgesellschaft nach wie vor für die Belange von Migrantinnen und Migranten und erproben neue Formen von alltäglicher Konvivialität über vorgebliche Kulturgrenzen hinweg.

Trotz der Öffentlichkeitswirksamkeit von »Fridays for Future« gibt es nun so etwas wie einen politischen Gelbwesten- bzw. AfD-Faktor. Seitdem in Frankreich 2018/2019 die Gelbwesten (*gilets jaunes*) gegen Präsident Macrons Pläne, die Mineralölsteuer zu erhöhen, auf die Straßenkreuzungen gingen und Massendemonstrationen durchführten, fürchten auch deutsche Politiker*innen, dass jede Mehrausgabe für den Klimaschutz eine weitere Stimme für rechtspopulistische Bewegungen und Parteien sei. Dies offenbart das derzeitige politische Dilemma: Alte linke Koalitionen zwischen Parteien, Gewerkschaften und unteren Schichten sind zerbrochen und solange die Mehrausgaben für eine ökologisch »nachhaltigere« Gesellschaft hauptsächlich von den unteren und mittleren Schichten übernommen werden sollen, sind sie nur sehr eingeschränkt für den Klimaschutz zu gewinnen und rücken ggf. nach rechts. Für eine sozial-ökologische Transformation ließen sich nur Mehrheiten gewinnen, wenn diese Klassen auch materiell durch Umverteilungspolitiken von oben nach unten profitieren würden. Die soziale und die ökologische Frage hängen eben aufs Engste miteinander zusammen (vgl. Adloff 2019).

Bisher lässt sich allerdings weder in Deutschland noch in anderen Ländern der Welt ein Abrücken von der neoliberalen Umverteilungspolitik von unten nach oben feststellen. Die sozialen Ungleichheiten, gerade im Bereich der Vermögensverteilung, steigern sich weiterhin ungebremst, obwohl die Stimmen immer eindringlicher werden, die eine Begrenzung der

Vermögensungleichheiten einfordern und für Vermögens- und höhere Erbschaftssteuern plädieren (Piketty 2020). Auch wird die Kritik an der kapitalistischen Wachstumsökonomie immer lauter. Als das erste Manifest erschien, klang die Forderung nach einer Postwachstumsökonomie im öffentlichen Diskurs noch recht exotisch oder fast absurd anmutend. Mittlerweile ist die »Degrowth-Bewegung« europaweit wesentlich stärker und einflussreicher geworden (vgl. Schmelzer/Vetter 2019). Viele Linien der Kritik kommen hier auf theoretischer wie auf praktischer Ebene zusammen: eine feministische Kritik an der Ökonomie, eine ökologische Perspektive, Kulturkritik sowie eine Kritik an den asymmetrischen Nord-Süd-Beziehungen, die weiterhin auf (post)kolonialen, ungleichen Tauschverhältnissen und der Externalisierung von Problemen des Nordens in den Süden beruhen (Brand/Wissen 2017).

Wir können also in verschiedenen gesellschaftlichen Bereichen beobachten, dass im Sinne einer Ausweitung von Prinzipien der Konvivialität nach neuen Formen der Solidarität gesucht wird. Stephan Lessenich (2019) spricht von Solidaritäten, die kooperativ angelegt und performativ sind, also durch Praktiken hervorgebracht werden, und eine grundsätzliche Transformation der Gesellschaft beabsichtigen. Dabei zielen sie auf eine Entgrenzung der Demokratie und zugleich auf eine ökologische Begrenzung ab. Während die Grenzen zwischen Klassen und Staatsbürger*innen überschritten werden sollten, bedarf es zugleich neuer Praktiken der Begrenzung, da nur so die Habitabiltät auf der Erde gewährt werden kann. Die seit Ende des Zweiten Weltkriegs erlebte große Beschleunigung (Steffen et al. 2015) in der Belastung des Erdsystems etwa durch CO_2-Ausstoß, Energie-, Wasser- und Düngemittelverbrauch muss dringend begrenzt werden, was auch Folgen für den westlichen Konsum- und Lebensstil hätte.

Einer Ausweitung der Demokratie stehen derzeit jedoch wiederum viele Regierungen und Bewegungen entgegen. Im Namen der »wahren Demokratie« und des »wahren Volkes« werden demokratische Teilhabeansprüche, Oppositionsmöglichkeiten und kritische Interventionen massiv eingeschränkt und sogenannte illiberale Demokratien wie in Ungarn, Russland, der Türkei, Indien und Brasilien sind erstarkt. In vielen Ländern beobachten wir mittlerweile, dass zivilgesellschaftliche Räume, die auf Meinungs- und Versammlungsfreiheiten angewiesen sind, unter repressiven Druck geraten und geschrumpft sind (vgl. Forum Menschenrechte et al. 2016).

Die drei Ordnungsprinzipien der zweiten Hälfte des 20. Jahrhunderts – liberale Demokratie, marktwirtschaftlicher Kapitalismus und eine pluralistische und individualistische Kultur – zeigen zurzeit keine besonders große Stabilität mehr. In dieser Umbruchphase können ganz unterschiedliche Pfade beschritten werden. Rechtspopulistische Bewegungen, illiberale Nationalstaatlichkeit und Vorstellungen homogener Gemeinschaften stehen Bewegungen gegenüber, die für eine Vertiefung der Demokratie eintreten, die die Wachstumslogik überwinden wollen und für eine Versöhnung von individualistischen mit kommunitaristischen Prinzipien eintreten. Letztere können jedoch nur eine Wirkmächtigkeit entfalten, wenn sie für breite Teile der Bevölkerungen aufzeigen könnten, was ein konviviales Leben an Positivem hervorbringen könnte. Daher versucht das zweite konvivialistische Manifest, genauso wie schon das erste, eine möglichst inklusive Sprache zu entwickeln und einen breiten gemeinsamen Nenner für konviviale politische Bestrebungen aufzubauen. Dass diese inklusive Sprache immer wieder neu erfunden und erweitert werden muss, versteht sich von selbst: Schließlich bildet (Selbst-)Reflexivität den Kern des konvivialistischen Programms.

Dies wurde besonders deutlich während der globalen antirassistischen Proteste, die der Tötung des Afroamerikaners George Floyd durch die Polizei im Mai 2020 in der US-amerikanischen Stadt Minneapolis folgten. Anders als frühere Bewegungen dieser Art wurden die Proteste in den USA auch durch eine breite Thematisierung des relationalen und globalen Charakters des Rassismus geformt. Die inhärenten Privilegien, die mit der Position als weißes Subjekt (oder aber auch als Mann, Hetero, Einwohner des globalen Nordens oder als Teil der Mittel- und oberen Schichten) zusammenhängen, standen im Zentrum der Proteste (Shatz 2020).

Das erste und das zweite konvivialistische Manifest zeigen also deutlich, dass es keine neutrale Position gibt, wenn es um die sozialökologische Frage geht: Nicht nur wen wir wählen, sondern auch was wir essen, wie wir uns fortbewegen, wie wir unser Geld ausgeben oder anlegen, hat unmittelbare Folgen für die Art und Weise, wie andere menschliche und nicht-menschliche Lebewesen weltweit essen, sich fortbewegen und leben können. Wir hoffen, dass die weiteren Diskussionen um das konvivialistische Programm zu einer Politisierung der Interdependenzen auch in anderen Bereichen – wie im Fall von Staatsbürgerschafts-, Ethnizitäts- oder Genderfragen – führen.

Konvivialismus nach der Corona-Krise

Die Corona-Krise des Frühjahrs 2020 hat offengelegt, welche Problemlagen immer schon virulent waren: etwa die Zerbrechlichkeit des Finanzkapitalismus, die massiven digitalen und Bildungsasymmetrien oder die Vertiefung der Genderungleichheiten durch die Feminisierung der Care-Arbeit. Zu diesen nun deutlicher denn je zutage getretenen Problemen kommen die Folgen der aktuellen Krisenbewältigung: Einbrüche in der Weltwirtschaft, neu verschuldete Staaten, steigende Arbeitslosigkeit etc. Ob die Krise Handlungsfelder für konviviale Reformen öffnet oder schließt, ist derzeit (Juni 2020) noch völlig offen. Es scheint zwar klar, dass vieles so nicht weitergehen kann, aber es wird darauf ankommen, aus der Krise die richtigen Schlüsse zu ziehen.

Für einige Wochen mussten im Lockdown Allmachts- und Naturbeherrschbarkeitsphantasien beiseite geschoben werden. Es wurde deutlich, dass bestehende Gewissheiten in einem hohen Tempo zerrüttet werden können und es kein Fundament für das ewige »Weiter so« gibt. Falsche Gewissheiten wurden von Kontingenzbewusstsein abgelöst. Neues erscheint nun einerseits möglich – andererseits macht genau dieser Verlust an vorgeblicher Sicherheit und Gewissheit Angst. Kann diese Angst gesellschaftlich ausgehalten oder besser noch: produktiv gemacht werden?

Dabei wird mittlerweile vielen mehr und mehr klar, dass die Corona-Pandemie erst der Anfang ist. Im Vergleich zu den Folgen des Klimawandels stellt der Umgang mit COVID-19 wahrscheinlich noch eine Leichtigkeit dar. Die Corona-Krise zeigt, mit welch unterschiedlichen Ebenen von Zeitlichkeit wir es zu tun haben. Dass das Virus von Tieren stammt, über Zoonosen übertragen wurde und der schon Jahrtausende andauernde Schwund der Biodiversität (Glaubrecht 2019) Pandemien begünstigt, wird zunehmend zum allgemeinen Wissensbestand. Die Pandemie kam zwar innerhalb weniger Wochen über die Welt, wurde aber durch eine über einhundertjährige Geschichte einer ökologisch rücksichtslosen Globalisierung vorbereitet. Das Virus des Neoliberalismus wiederum kursiert schon seit mehr als 40 Jahren und hat über Privatisierungen und Einsparungen im Gesundheitswesen die Krise befeuert. Dies zeigt, dass die akute Krise einen enormen zeitlichen Vorlauf hat und sich in ihr unterschiedliche Zeitlichkeiten überlagern. Momentan überlappen sich die Temporalitäten und Ähnliches wird demnächst aller Voraussicht nach wieder geschehen.

Denn auch durch die Klimakrise wird es zu akuten Schocks und Katastrophen kommen: sei es durch Starkregen mit Überschwemmungen, sei es durch Dürren mit Wasser- und Nahrungsmittelknappheit oder durch Migration aus Kriegs- und Hitzegebieten (Wallace-Wells 2019). Auch diese Schocks haben einen zeitlichen Vorlauf von Jahrzehnten und Jahrhunderten. Der Aufbau von resilienten gesellschaftlichen Infrastrukturen und der vorbeugende Kampf gegen die Massivität des Klimawandels gehören im Anthropozän also zusammen. Beherrschen lässt sich das Problem des Klimawandels – oder allgemeiner noch: die sich rasch verändernde Bewohnbarkeit der Erde – nicht. Vielmehr wird es darauf ankommen, gesellschaftliche Zeitvorstellungen mit den Rhythmen des sich erwärmenden Planeten zu verzahnen (vgl. Chakrabarty 2018).

Tipping Points, die nach einer langen Latenzperiode mit einem relativ plötzlichen Umschwung einsetzen, verändern das Erdsystem derzeit grundlegend (Horn 2020). Die früher vorherrschende Vorstellung, dass die Geschichte menschlicher Gesellschaften vor dem Hintergrund einer relativ stabilen Natur abläuft, ist unhaltbar geworden. Eine Kritik an der modernen Trennung von Natur und Kultur ist in den Erdsystemwissenschaften, in der Philosophie und den Sozialwissenschaften, wie oben gezeigt, schon lange formuliert worden. Mit der Corona-Krise steht der Gesellschaft nun noch deutlicher vor Augen, dass sie hinfällig ist und dass das zweite konvivialistische Manifest richtigerweise herausstellt, dass es nur eine gemeinsame Natur gibt – Menschen leben nicht außerhalb der »Natur«.

Da die Moderne von einer prinzipiellen Maßlosigkeit gekennzeichnet ist und ihr Allmachtsvorstellungen und Hybris eingeschrieben sind, bringt COVID-19 die Zumutung mit sich, die Grenzen dieses historischen Entwicklungspfads aufgezeigt zu haben. Viele soziale Bewegungen aus dem Norden und Süden fordern denn auch Politik, Wirtschaft und Wissenschaft auf, die Hybris der Weltbeherrschung, die das Manifest ja so deutlich kritisiert, aufzugeben. Selbstbegrenzung und eine Konvivialität unter Menschen und Nicht-Menschen müssten dem gegenüber intrinsisch wertvoll erscheinen, und man müsste völlig neue Sinnbezüge aufbauen, die Kontingenz und Interdependenz nicht negieren, sondern affirmieren.

Covid-19 hat auch deutlich gemacht, wie interdependent unsere Welt ist. Deutlich ist, wie alle (menschliche sowie nicht-menschliche Lebewesen) – wenn auch nicht symmetrisch – voneinander abhängen. Aus dem Gefühl wechselseitiger Abhängigkeiten könnte Solidarität erwachsen, das war schon Ende des 19. Jahrhunderts die These des französischen Soziologen Émile Durkheim. Er bezog diese Vorstellung auf den Nationalstaat, heute sind diese Abhängigkeiten für alle auf globaler Ebene sichtbar geworden. Daraus ist nicht einfach ein überzeugendes neues Forschrittsnarrativ zu gewinnen. Für die Wirtschaft ist damit die Frage aufgeworfen, wie sie krisenfester gestaltet werden kann, wie sie vom Wachstumszwang befreit, regional, demokratischer und gemeinwohlorientiert sein kann. Resilienz gegenüber externen wirtschaftlichen Schocks wird nur über ein Zurückdrängen von immer weiter gehenden Kommodifizierungs- und Vermarktlichungsprozessen zu gewinnen sein.[4]

Die kommenden Jahre werden viele Fragen aufwerfen und bestehende Konflikte verschärfen oder neue schaffen. Dahinter wird aber stets die Frage stehen, wie mit dem »imperialen« Gesellschaftsmodell weiter zu verfahren ist. Wie wird mit den neu-

4 | Vgl. hierzu bspw. das Manifest für ein Wirtschaften nach der Pandemie »Arbeit – demokratisieren, dekommodifizieren, nachhaltig gestalten«, das von über 3.000 Wissenschaftler*innen unterzeichnet wurde (Die Zeit vom 15. Mai 2020).

en Kontingenzen und damit verbundenen Ängsten umgegangen werden? Eine Frage der Zukunft wird lauten, ob Ängste, Abgrenzungen, Ungleichheiten und Konflikte um Ressourcen aller Art zunehmen werden, oder ob es gelingen kann, die Furcht vor der Zukunft nicht wie bisher durch mehr Individualismus und Privatismus zu verschärfen, sondern durch mehr Solidarität und konviviale Lösungen zu entkräften. Zukunftshoffnungen auf Wachstum, Dominanz und Prosperität haben die westlichen Gesellschaften bislang integriert, auch wenn sich diese Hoffnungen zunehmend als ökonomisch unrealistisch, sozial ungerecht und ökologisch fatal erweisen. Nun muss es darum gehen, dennoch eine attraktive Vision des Zusammenlebens zu entwickeln. Gegen die Angst im Vergleich mit anderen den Kürzeren zu ziehen, müssten neue Formen der Konvivialität gesetzt werden.

Nach der Lockerung der Eindämmungsmaßnahmen der Pandemie war die Freude am geselligen Miteinander auf Plätzen und Parks in Deutschland deutlich zu spüren. Ob dies eine nachhaltige Lernerfahrung gegen Konsum- und Akkumulationswahn bleibt, wird sich noch zeigen. Wie dem auch sei, der sozialen Atmosphäre von Konkurrenz und Angst müsste ein affektiv positiv besetzter Gegenentwurf entgegengestellt werden können – auch im Angesicht des drohenden ökologischen Kollapses.

Literatur

Adloff, Frank (2018): Politik der Gabe. Für ein anderes Zusammenleben. Hamburg: Edition Nautilus.

Adloff, Frank (2019): Prekarität vs. Klima? Ein konvivialistischer Rückblick auf die Gelbwesten. Berliner Debatte Initial 30/3, S. 134-140.

Adloff, Frank (2020): »It's the end of the world as we know it«: Sozialtheorie, symbiotische Praktiken und Imaginationen im Anthropozän. In: Frank Adloff/Sighard Neckel (Hg.): Gesellschaftstheorie im Anthropozän. Frankfurt/New York: Campus, S. 95-121.

Adloff, Frank/Heins, Volker (Hg., 2015): Konvivialismus. Eine Debatte. Bielefeld: transcript.

Berg, Mette L./Novicka, Magdalena (2019): Studying Diversity, Migration and Urban Multiculture. Convivial Tools for Research and Practice. London: UCL Press.

Braidotti, Rosi (2013): The Posthuman. Cambridge et al.: Polity.

Brand, Ulrich/Wissen, Markus (2017): Imperiale Lebensweise: Zur Ausbeutung von Mensch und Natur in Zeiten des globalen Kapitalismus. München: Oekom.

Caillé, Alain/Vandenberghe, Fredéric (Hg., 2016): Manifesto convivialista. Declaraçao de interdependência. São Paulo: Annablume.

Caire, Patrice (2010): How to import the concept of conviviality to web communities. In: International Journal of Web Based Communities 6 (1), S. 99-113.

Chakrabarty, Dipesh (2018): Anthropocene Time. In: History and Theory 57 (1), S. 5-32.

Chakrabarty, Dipesh (2019): The Planet: An Emergent Humanist Category. In: Critical Inquiry 46 (1), S. 1-31

Costa, Sérgio (2018): Convivialisme, conviviality, Konvivenz : réponses convergentes aux »puristes de la différence« ? In: Alain Caillé et al. (Hg.): Des sciences sociales à la science sociale. Fondements anti-utilitaristes. Lormont: Le Bord de l'eau, o.S.

Costa, Sérgio (2019): The neglected nexus between conviviality and inequality. In: Novos Estudos CEBRAP 38 (1), S. 15-32.

Ette, Ottmar (2012): Konvivenz. Literatur und Leben nach dem Paradies. Berlin: Kadmos.

Folkers, Andreas/Opitz, Sven (2019): Symbiose als Begriff und Gegenstand der Soziologie. Für eine Analyse von Biosozialität im Zeitalter des Mikrobioms. In: Nicole Burzan (Hg.): Komplexe

Dynamiken globaler und lokaler Entwicklungen. Verhandlungen des 39. Kongresses der DGS, Göttingen 2018.

Forum Menschenrechte et al. (Hg., 2016): Zivilgesellschaftliches Engagement weltweit in Gefahr. Für gerechte Entwicklung, Umweltschutz, Demokratie, Menschenrechte und Frieden. Bonn, Diskussionspapier.

Gebre, Yntiso/Ohta, Itaru/Matsuda, Motoji (Hg., 2017): African Virtues in the Pursuit of Conviviality: Exploring Local Solutions in Light of Global Prescriptions. Mankon, Bamenda: Langaa RPCIG.

Gilbert, Scott F./Sapp, Jan/Tauber, Alfred I. (2012): A Symbiotic View of Life: We Have Never Been Individuals. The Quarterly Review of Biology 87 (4), S. 325-340.

Gilroy, Paul (2004): After Empire. Melancholia or Convivial Cultures. London, New York: Routledge.

Gilroy, Paul (2006): Multiculture in Times of War. An Inaugural Lecture Given at the London School of Economics. In: Critical Quarterly 48 (4), S. 27-45.

Given, Michael (2017): Conviviality and the life of soil. In: Cambridge Archaeological Journal 28 (1), S. 127-143.

Glaubrecht, Matthias (2019): Das Ende der Evolution. Der Mensch und die Vernichtung der Arten. München: C. Bertelsmann.

Gutiérrez Rodríguez, Encarnación (2010): Migration, Domestic Work and Affect. A Decolonial Perspective on Value and the Feminisation of Labour. London et al.: Routledge.

Habermas, Jürgen (2004): Der gespaltene Westen. Kleine politische Schriften X. Frankfurt a.M.: Suhrkamp.

Heil, Tilmann (2015): Conviviality. (Re-)negotiating minimal consensus. In: Steven Vertovec (Hg.): Routledge International Handbook of Diversity Studies. Oxford: Routledge, S. 317-324.

Hinchliffe, Steve/Whatmore, Sarah (2006): Living cities: Towards a politics of conviviality. In: Science as Culture 15 (2), S. 123-138.

Horn, Eva (2020): Tipping Points: Das Anthropozän und Corona. In: Frank Adloff/ Sighard Neckel (Hg.): Gesellschaftstheorie im Anthropozän. Frankfurt/New York: Campus, S. 123-150.

Houston, Donna/Hillier, Jean/MacCallum, Diana/Steele, Wendy/ Byrne, Jason (2018): Make kin, not cities! Multispecies entanglements and ›becoming-world‹ in planning theory. In: Planning Theory 17 (2), S. 190 –212.

Illich, Ivan (1975): Selbstbegrenzung. Eine politische Kritik der Technik. Reinbek: Rowohlt.

Karner, Christian/Parker, David (2011): Conviviality and Conflict: Pluralism, Resilience and Hope in Inner-City Birmingham. In: Journal of Ethnic and Migration Studies 37 (3), S. 355-372.

Latour, Bruno (2018): Das terrestrische Manifest. Berlin: Suhrkamp.

Les Convivialistes (2014): Das konvivialistische Manifest. Hg. von Frank Adloff und Claus Leggewie. Bielefeld: transcript.

Lessenich, Stephan (2019): Grenzen der Demokratie. Teilhabe als Verteilungsproblem. Stuttgart: Reclam.

Mbembe, Achille (2001): On the Postcolony. Berkeley et al.: Univ. California Press.

McQuillan, Dan (2016): Algorithmic paranoia and the convivial alternative. In: Big Data & Society, July-December 2016, S. 1-12.

Moore, Jason W. (2020): Kapitalismus im Lebensnetz. Ökologie und die Akkumulation des Kapitals. Berlin: Matthes & Seitz.

Nowicka, Magdalena/Vertovec, Steven (2014): Comparing convivialities: Dreams and realities of living-with-difference. In: European Journal of Cultural Studies 17 (4), S. 357-374.

Overing, Joanna/Passes, Alan (2000): Introduction: Conviviality and the opening up of Amazonian anthropology. In: Joanna Overing/ Alan Passes (Hg.): The anthropology of love and anger. The aesthetics of conviviality in native Amazonia. London et al.: Routledge, S. 1-30.

Piketty, Thomas (2020): Kapital und Ideologie. München: Beck.

Rockström, Johan et al. (2009): A safe operating place for humanity. In: Nature Nr. 461 vom 24.9.2009, S. 472-475.

Rosengren, Dan (2006): Transdimensional Relations: On Human-Spirit Interaction in the Amazon. In: The Journal of the Royal Anthropological Institute 12 (4), S. 803-816.

Schmelzer, Matthias/Vetter, Andrea (2019): Degrowth/Postwachstum zur Einführung. Hamburg: Junius.

Shatz, Adam (2020): America explodes. In: London Review of Books, 42 (12). https://www.lrb.co.uk/the-paper/v42/n12/adam-shatz/america-explodes?referrer=https%3A%2F%2Fwww.google.com%2F (Zugriff am 20.06.2020).

Steffen, Will et al. (2015): Planetary Boundaries: Guiding Human Development on a Changing Planet. In: Science 347, S. 736-748.

Vetter, Andrea (2017): The Matrix of Convivial Technology – Assessing technologies for degrowth. In: Journal of Cleaner Production 197 (2): S. 1778-1786.

Wallace-Wells, David (2019): Die unbewohnbare Erde. Leben nach der Erderwärmung. München: Ludwig.

Wasser, Nicolas (2018): The Affects of Conviviality-Inequality in Female Domestic Labour. São Paulo: Mecila Working Paper 10.

Autoren

Frank Adloff ist Professor für Soziologie im Fachbereich Sozialökonomie der Universität Hamburg und Co-Leiter der dortigen DFG-Kolleg-Forschungsgruppe »Zukünfte der Nachhaltigkeit«.

Sérgio Costa ist Professor für Soziologie am Lateinamerika-Institut und Institut für Soziologie der Freien Universität Berlin sowie Co-Leiter vom BMBF-Zentrum Mecila (Maria Sibylla Merian Centre Conviviality-Inequality in Latin America).

Philosophie

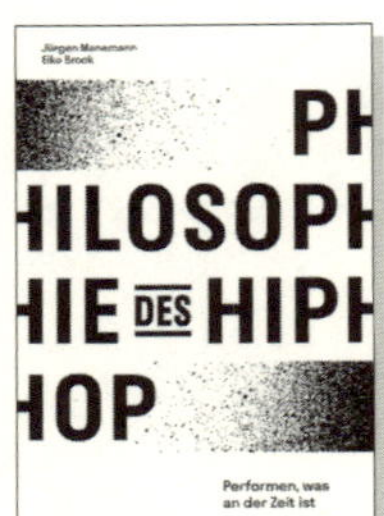

Jürgen Manemann, Eike Brock
Philosophie des HipHop
Performen, was an der Zeit ist

2018, 218 S., kart.
19,99 € (DE), 978-3-8376-4152-3
E-Book: kostenlos erhältlich als Open-Access-Publikation,
ISBN 978-3-8394-4152-7

Anke Haarmann
Artistic Research
Eine epistemologische Ästhetik

2019, 318 S., kart.
34,99 € (DE), 978-3-8376-4636-8
E-Book: 34,99 € (DE), ISBN 978-3-8394-4636-2
EPUB: 34,99 € (DE), ISBN 978-3-7328-4636-8

Hilkje Charlotte Hänel
What is Rape?
Social Theory and Conceptual Analysis

2018, 282 p., hardcover
99,99 € (DE), 978-3-8376-4434-0
E-Book: 99,99 € (DE), ISBN 978-3-8394-4434-4

Leseproben, weitere Informationen und Bestellmöglichkeiten finden Sie unter www.transcript-verlag.de